Karl Philipp Moritz

Reisen eines Deutschen in England im Jahr 1782,

in Briefen an Herrn Direktor Gedike

Karl Philipp Moritz

Reisen eines Deutschen in England im Jahr 1782,
in Briefen an Herrn Direktor Gedike

ISBN/EAN: 9783744613675

Hergestellt in Europa, USA, Kanada, Australien, Japan

Cover: Foto ©Andreas Hilbeck / pixelio.de

Weitere Bücher finden Sie auf **www.hansebooks.com**

Reisen
eines
Deutschen in England
im Jahr 1782.

In Briefen
an Herrn Direktor Gedike
von
Carl Philip Moriz.

Berlin, 1783.
bey Friedrich Maurer.

Da ein jeder seinen eignen Maasstab hat, wornach er die Dinge ausser sich abmißt, und seinen eignen Gesichtspunkt, woraus er die Gegenstände betrachtet, so folgt sehr natürlich, daß dieß bei mir denn auch der Fall ist. Daß also manchem die Dinge anders vorgekommen seyn müssen, wie sie mir vorgekommen sind, folgt eben so natürlich. Wem es daher einfallen sollte, sich, in Ermanglung beßrer Unterhaltung, etwa mit diesem Buche eine Stunde zu verkürzen, den bitte ich um Beherzigung dieser kurzen Vorrede, und um Nachsicht für den Erzähler.

Auf der Themse den 31sten May.

Endlich, liebster G..., befinde ich mich zwischen den glücklichen Ufern des Landes, das zu sehen, schon Jahre lang mein sehnlichster Wunsch war, und wohin ich mich so oft in Gedanken geträumt habe. Vor einigen Stunden dämmerten noch die grünen Hügel von England vor uns in blauer Ferne, jetzt entfalten sie sich von beiden Seiten, wie ein doppeltes Amphytheater.

Die Sonne bricht durch das Gewölk, und verguldet wechselsweise mit ihrem Schein Gebüsche und Wiesen am entfernten Ufer. Zwei Masten ragen mit ihren Spitzen aus der Tiefe empor: fürchterliche Warnungszeichen! Wir segeln hart an der Sandbank vorbei, wo so viel Unglückliche ihr Grab fanden.

Immer enger ziehen sich die Ufer zusammen: die Gefahr der Reise ist vorbei, und der sorgenfreie Genuß hebt an. Wie ist doch dem Menschen nach der Ausbreitung die Einschränkung so lieb! Wie wohl und sicher ists dem Wandrer in der kleinen Herberge, dem Seefahrer in dem gewünschten Hafen! Und doch bleibt der Mensch immer im Engen, er mag noch so sehr im Weiten seyn; selbst das ungeheure Meer zieht sich um ihn zusammen, als ob es ihn in seinen Busen einschließen wollte; um ihn ist beständig nur ein Stück aus dem Ganzen herausgeschnitten.

Aber das ist ein herrlicher Ausschnitt aus dem Ganzen der schönen Natur, den ich jetzt um mich her erblicke. Die Themse voll hin und her zerstreuter großer und kleiner Schiffe und Böte, die entweder mit uns fortsegeln oder vor Anker liegen; die Hügel an beiden Seiten mit einem so milden sanften Grün bekleidet, wie ich noch nirgends sahe. Die reizenden Ufer der Elbe, die ich verließ, werden von diesen Ufern übertroffen, wie der Herbst vom Frühlinge! Allenthalben seh ich nichts, als fruchtbares und bebautes Land, und die lebendigen Hecken, womit die grünen Weizenfelder eingezäunt sind, geben der ganzen weiten Flur das Ansehen eines großen majestätischen Gartens. Die netten Dörfer und Städtchen und prächtigen Landsitze dazwischen, gewähren einen Anblick von Wohlstand und Ueberfluß, der über alle Beschreibung ist.

Insbesondre schön ist die Aussicht nach Gravesand, einem artigen Städtchen; das einen der Hügel hinangebaut ist, und um welches Berg und Thal, Wiesen und Aecker mit untermischten Lustwäldchen und Landsitzen sich auf die angenehmste Art durchkreuzen. Auf einem der höchsten Hügel bei Gravesand steht eine Windmühle, die einen guten Gesichtspunkt giebt, weil man sie, nebst einem Theile der Gegend, noch weit hin auf den Krümmungen der Themse sieht. Aber wie denn kein Vergnügen leicht vollkommen ist, so sind wir bei Betrachtung aller dieser Schönheiten auf dem Verdeck noch einem sehr kalten und stürmischen Wetter ausgesetzt. Ein anhaltender Regenguß hat mich genöthiget, in die Kajüte zu gehen, wo ich mir eine trübe Stunde dadurch aufheitre, daß ich Ihnen die Geschichte einer a n g e n e h m e n beschreibe.

London, den 2ten Juni.

Heute Morgen ließen wir uns, unser zehn, die in des Kapitans Kajüte mitgereist waren, nicht weit hinter Dartford, das noch sechzehn Meilen von London liegt, in einem Boote ans Land setzen. Dieß thut man gemeiniglich, wenn man die Themse hinauf nach London fährt, weil wegen der erstaunlichen Menge von Schiffen, die immer gedrängter aneinander stehen, je näher man der Stadt kömmt, oft verschiedne Tage erfordert werden, ehe ein Schiff sich durcharbeiten kann. Wer also keine Zeit unnütz verlieren, und andre Unannehmlichkeiten, als das öftere Stillstehen und Anstoßen des Schiffes vermeiden will, der macht die wenigen Meilen bis London lieber zu Lande, etwa in einer Postchaise, die nicht sehr theuer zu stehen kömmt, wenn überdem jedesmal ihrer drei zusammentreten, welches durch eine Parlamentsakte verstattet ist. Ein allgemeines H u r r a h schallte uns von den deutschen Matrosen unsers Schiffes nach, die dieses von den Engländern angenommen haben. Das Ufer, wo wir ausstiegen, war weiß und kreidigt. Bis Dartford mußten wir zu Fuße gehen. Erstlich stiegen wir gerade vom Ufer einen ziemlich steilen Hügel hinan, dann kamen wir sogleich an das erste Englische Dorf, wo mich die ausserordentliche Nettigkeit in der Bauart der Häuser, die aus rothen Backsteinen errichtet sind und flache Dächer haben, insbesondre da ich sie mit unsern Bauerhütten verglich, in ein angenehmes Erstaunen setzte.

Und nun zogen wir wie eine Karavane mit unsern Stäben von einem Dorfe zum andern: einige Leute, die uns begegneten, schienen uns wegen unsers sonderbaren Aufzuges mit einiger Verwunderung anzusehen. Wir kamen vor einem Gehölz vorbei, wo sich ein Trupp Zigeuner bei einem Feuer um einen Baum gelagert hatte. Allein so wie wir fortwanderten, ward die Gegend immer schöner und schöner. Die Erde ist nicht überall einerlei! Wie verschieden fand ich diese fetten und fruchtbaren Aecker, dieses Grün der Bäume und Hecken, diese ganze paradiesische Gegend, von den unsrigen, und allen andern die ich gesehen habe! Wie herrlich diese Wege, wie feſt dieß Erdreich unter mir; mit jedem Schritte fühlte ich es, daß ich auf Engliſchen Boden trat.

In Dartford frühſtückten wir. Hier ſah ich zuerſt einen Engliſchen Soldaten, in ſeiner rothen Montur mit abgeſchnittnen und vorn heruntergekämmten Haar, auch auf der Straße ein Paar Jungen die ſich barten. Wir vertheilten uns nun in zwey einſitzige Poſtchaiſen, wo in jeder drei Perſonen, freilich nicht allzubequem ſitzen konnten. Eine ſolche Poſtchaiſe koſtet jede Engliſche Meile einen Schilling. Sie iſt mit unſern Extrapoſten zu vergleichen, weil man ſie zu jeder Zeit bekommen kann. Aber ein ſolcher Wagen iſt ſehr nett und leicht gebaut, ſo daß man es kaum empfindet, wie er auf dem feſten Erdreich fortrollt. Er hat vorn und an beiden Seiten Fenſter. Die Pferde ſind gut, und der Kutſcher jagt immer in vollem Trabe fort. Der unſrige trug abſchnittnes Haar, einen runden Hut, und ein braunes Kleid von ziemlich feinem Tuch, vor der Bruſt einen Blumenſtrauß. Zuweilen, wenn er es recht raſch angehen ließ, ſchien er ſich lächelnd nach unſerm Beifall umzuſehen.

Und nun flogen die herrlichsten Landschaften, worauf mein Auge so gern verweilt hätte, mit Pfeilschnelle vor uns vorbei; gemeiniglich ging es abwechselnd Berg auf, Berg ab, Wald ein, Wald aus, in wenigen Minuten. Dann kam einmal zur rechten Seite die Themse wieder zum Vorschein mit allen ihren Masten; denn ging es wieder durch reizende Städte und Dörfer. Besonders fielen mir die erstaunlich großen Schilder auf, welche beim Eingange in die Flecken und Dörfer, queer über die Straße an einem Balken hängen, der von einem Hause zum andern übergelegt ist. Dieß giebt einige Aehnlichkeit mit einem Thore, wofür ich es auch anfänglich hielt, allein so ist es weiter nichts, als ein Zeichen, daß hier sogleich beim Eintritt in den Ort ein Gasthof sey. So kamen wir bei dieser schnellen Abwechselung höchst mannichfaltiger Gegenstände beinahe in einer Art von Betäubung bis nahe vor Greenwich, und nun

Die Aussicht von London.

Es zeigte sich im dicken Nebel. Die Paulskirche hob sich aus der ungeheuren Masse kleinerer Gebäude, wie ein Berg empor. Das Monument, eine thurmhohe runde Säule, die zum Gedächtniß der großen Feuersbrunst errichtet ward, machte wegen ihrer Höhe und anscheinenden Dünnigkeit einen ganz ungewohnten und sonderbaren Anblick.

Wir näherten uns mit großer Schnelligkeit, und die Gegenstände verdeutlichten sich alle Augenblicke. Die Westminsterabtey, der Tower, ein Thurm, eine Kirche nach der andern, ragten hervor; Schon konnte man die hohen runden Schornsteine auf den Häusern unterscheiden, die eine unzählige Menge kleiner Thürmchen auszumachen schienen.

Von Greenwich bis London war die Landstraße schon weit lebhafter, als die volkreichste Straße in Berlin, so viel reitende und fahrende Personen, und Fußgänger begegneten uns. Auch erblickte man schon allenthalben Häuser, und an den Seiten waren in verhältnißmäßiger Entfernung Laternenpfäle angebracht. Was mir sehr auffiel, waren die vielen Leute, die ich mit Brillen reiten sahe, unter denen sich einige von sehr jugendlichen Ansehen befanden. Wohl dreimal wurden wir bei sogenannten Turnpikes oder Schlagbäumen angehalten, um einen Zoll abzutragen, der sich doch am Ende auf einige Schillinge belief, ob wir ihn gleich nur in Kupfermünze bezahlten.

Endlich kamen wir an die prächtige Westminster-Brücke. Es ist, als ob man über diese Brücke eine kleine Reise thut, so mancherley Gegenstände erblickt man von derselben. Im Kontrast gegen die runde, moderne, majestätische Paulskirche zur Rechten, erhebt sich zur Linken, die altfränkische, länglichte Westminsterabtey mit ihrem ungeheuren spitzen Dache. Zur rechten Seite die Themse hinunter, sieht man die Blackfriarsbrücke, die dieser an Schönheit nicht viel nachgiebt. Am linken Ufer der Themse schön mit Bäumen besetzte Terrassen, und die neuen Gebäude, welche den Namen Adelphi-Buildings führen. Auf der Themse selbst eine große Anzahl kleiner hin und her fahrender Böte mit einem Mast und Seegel, in welchen sich Personen von allerlei Stande übersetzen lassen, wodurch dieser Fluß beinahe so lebhaft wird, wie eine Londner Straße. Große Schiffe sieht man hier nicht mehr, denn die gehn am andern Ende der Stadt nicht weiter als bis an die Londner Brücke.

Wir fuhren nun in die Stadt über Charingkroß und den Strand, nach eben den Adelphi-Buildings, die von der Westminsterbrücke einen so vortrefflichen Prospekt gaben: weil meine beiden Reisegefährten auf dem Schiffe und in der Postchaise, ein Paar junge Engländer, in dieser Gegend wohnten, und sich erboten hatten, mir noch heute in ihrer Nachbarschaft ein Logis zu verschaffen.

In den Straßen wodurch wir fuhren, behielt alles ein dunkles und schwärzliches, aber doch dabei großes und majestätisches Ansehen. Ich konnte London seinem äußern Anblick nach, in meinen Gedanken mit keiner Stadt vergleichen, die ich sonst gesehen hatte. Sonderbar ist es, daß mir ohngefähr vor fünf Jahren, beim ersten Eintritt in Leipzig, gerade so wie hier zu Muthe war: vielleicht, daß die hohen Häuser, wodurch die Straßen zum Theil verdunkelt werden, die große Anzahl der Kaufmannsgewölber, und die Menge von Menschen, welche ich damals in Leipzig sahe, mit dem einige entfernte Aehnlichkeit haben mochten, was ich nun in London um mich her erblickte.

Allenthalben gehen vom Strande nach der Themse zu sehr schön gebaute Nebenstraßen, worunter die Adelphi Buildings bei weiten die schönsten sind. Unter diesen führt wieder eine Nebenabtheilung, oder angrenzende Gegend den Namen York-Buildings, in welchen Georg Street befindlich ist, wo meine beiden Reisegefährten wohnten. Es herrscht in diesen kleinen Straßen nach der Themse zu, gegen das Gewühl von Menschen, Wagen und Pferden, welches den Strand beständig auf und nieder geht, auf einmal eine so angenehme Stille, daß man ganz aus dem Geräusch der Stadt entfernt zu seyn glaubt, welches man doch wieder so nahe hat.

Es mochte ohngefähr zehn oder elf Uhr seyn, da wir hier ankamen. Nachdem mich die beiden Engländer noch in ihrem Logis mit einem Frühstück, das aus Thee und Butterbrod bestand, bewirthet hatten, gingen sie selbst mit mir in ihrer Nachbarschaft herum, um ein Logis für mich zu suchen, das sie mir endlich bei einer Schneider-wittwe, die ihrem Hause gegenüber wohnte, für sechzehn Schilling wöchentlich, verschaften. Es war auch sehr gut, daß sie mit mir gingen, denn in meinem Aufzuge, da ich weder weße Wäsche noch Kleider aus meinem Koffer mitgenommen hatte, würde ich schwerlich irgendwo untergekommen seyn.

Es war mir ein sonderbares aber sehr angenehmes Gefühl, daß ich mich nun zum erstenmal unter lauter Engländern befand, unter Leuten, die eine fremde Sprache, fremde Sitten, und ein fremdes Klima haben, und mit denen ich doch nun umgehen und reden konnte, als ob ich von Jugend auf mit ihnen erzogen wäre. Es ist gewiß ein unschätzbarer Vortheil, die Sprache des Landes zu wissen, worinn man reist. Ich ließ es mir nicht sogleich im Hause merken, daß ich der Englischen Sprache mächtig sey; je mehr ich aber redete, destomehr fand ich Liebe und Zutrauen.

Ich bewohne nun ein großes Zimmer unten an der Erde vorn heraus, das mit Tapeten und Fußteppichen versehen, und sehr gut möblirt ist. Die Stühle sind mit Leder überzogen, und die Tische von Mahagoniholz: darneben habe ich noch eine große Kammer. Nun kann ich mich hier einrichten wie ich will, und mir meinen eignen Thee, Kaffee, Butter und Brod halten, wozu mir meine Wirthin einen verschloßnen gläsernen Schrank in der Stube eingeräumt hat.

Die Familie besteht aus der Frau im Hause, ihrer Magd und ihren beiden kleinen Söhnen Jacky und Jerry, sonderbare Namenverkürzungen von Johannes und Jeremias. Der älteste, Jacky, von zwölf Jahren, ist ein sehr lebhafter Kopf, und unterhält mich auf die angenehmste Art, indem er mir von seinen Beschäftigungen in der Schule erzählt, und sich von mir wieder allerley von Deutschland erzählen läßt. Er weiß sein amo, amam, amas, ames, in eben solchen singenden Tone wie unsre gewöhnlichen Schulknaben herzusagen. Als ich in seiner Gegenwart anfing irgend eine fröliche Melodie für mich zu trillern, sahe er mich sehr bedenklich und verwundernd an, und erinnerte mich, daß es Sonntag sey. Um ihm kein Aergerniß zu geben, antwortete ich ihm, daß ich bei der Verwirrung der Reise nicht auf den Tag gemerkt hätte. Er hat mich heute Mittag schon in den St. James-Park geführt, der nicht weit von hier ist; und nun hören Sie denn etwas von dem berühmten

St. James=Park.

Dieser Park ist weiter nichts als ein halber Cirkel von einer Allee von Bäumen, der einen großen grünen Rasenplatz einschließt, in dessen Mitte ein sumpfigter Teich befindlich ist.

Auf dem grünen Rasen weiden Kühe, deren Milch man hier, so frisch, wie sie gemolken wird, verkauft. In den Alleen sind Bänke zum Ausruhen. Wenn man durch die Horse=Guards oder Königliche Wache zu Pferde, welche mit verschiednen Durchgängen versehen ist, in den Park kömmt, so ist zur rechten Seite, St. James Palace, oder die Königliche Residenz, wie bekannt, eines der unansehnlichsten Gebäude in London. Ganz unten am Ende ist der Pallast der Königinn, zwar schön und modern, aber doch sehr einem Privatgebäude ähnlich. Uebrigens giebt es allenthalben um St. James=Park sehr prächtige Gebäude, die diesen Platz um ein Großes verschönern. Auch ist vor dem halben Cirkel, der durch die Alleen gebildet wird, noch ein großer Platz, wo die Parade gestellt wird.

Wie wenig aber dieser so berühmte Park mit unserm Berliner Thiergarten zu vergleichen sey, darf ich nicht erst sagen. Und doch macht man sich eine so hohe Idee von dem St. James=Park und andern öffentlichen Plätzen in London: das macht, weil sie mehr als die unsern in Romanen und Büchern figurirt haben. Beinahe sind die Londner Plätze und Straßen weltbekannter, als die meisten unsrer Städte.

Was aber freilich den St. James=Park einigermaßen wieder erhebt, ist eine erstaunliche Menge von Menschen, die gegen Abend bei schönem Wetter darinn spazieren geht. So voll von Menschen sind bei uns die besten Spaziergänge niemals, auch in den schönsten Sommertagen nicht, als hier beständig im dicksten Gedränge auf und niedergehen. Das Vergnügen, mich in ein solches Gedränge fast lauter wohlgekleideter und schöngebildeter Personen zu mischen, habe ich heute Abend zum erstenmal genossen.

Ehe ich in den Park ging, machte ich mit meinem Jacky noch einen andern Spaziergang, der mich nur sehr wenige Schritte kostete, und doch ausserordentlich reizend war. Ich ging nehmlich die kleine Straße, wo ich wohne, nach der Themse zu hinunter, und stieg, beinahe am Ende derselben, zur linken Seite noch einige Stuffen hinab, die mich auf eine angenehme mit Bäumen besetzte Terasse am Ufer der Themse führten.

Von hieraus hatte ich den schönsten Anblick, den man sich nur denken kann. Vor mir lag die Themse in ihrer Krümmung mit den prächtigen Schwibbögen ihrer Brücken; Westminster mit seiner ehrwürdigen Abtey zur rechten, und London mit der Paulskirche zur linken Seite, bog sich mit den Ufern der Themse vorwärts, und am jenseitigen Ufer lag Southwerk, das jetzt auch mit zu London gerechnet wird. Hier konnte ich also beinahe die ganze Stadt, von der Seite wo sie der Themse zugewandt ist, mit einem Blick übersehen. Nicht weit von hier in dieser reizenden Gegend der Stadt hatte auch der berühmte Garrick seine Wohnung. Diesen Spaziergang werde ich aus meiner Wohnung gewiß sehr oft besuchen.

Heute Mittag hohlten mich meine beiden Engländer in ein nahegelegnes Speisehaus ab, wo wir für ein wenig Sallat und Braten einen Schilling, und beinahe halb so viel an den Aufwärter, nach unserm Gelde an neun bis zehn Groschen, bezahlen mußten, und doch soll es hier noch sehr wohlfeil seyn. Ich werde künftig zu Hause essen, wie ich schon heute Abend gethan habe. Ich sitze nun hier in London in meiner Stube beim Kaminfeuer, und so wäre nun dieser Tag zu Ende, der erste den ich in England zugebracht habe, und ich weiß kaum, ob ich es einen Tag nennen soll, wenn ich bedenke, was für mannichfaltige neue und auffallende Gegenstände in einer so kurzen Zeit vor meiner Seele vorübergegangen sind.

London, den 5ten Juni.

Endlich, liebster G..., bin ich einmal wieder in Ruhe, da ich meinen Koffer und meine Sachen vom Schiffe habe, das erst gestern Morgen angekommen ist. Weil ich meinen Koffer nicht erst wollte nach dem Kustom- oder Zollhause bringen lassen, welches sehr viele Umstände macht, so mußte ich an die Gerichtsdiener und Visitato-

B

ren, welche auf das Schiff kamen, bezahlen. Als ich aber den einen mit zwei Schillingen befriedigt hatte, so protestirte der andre wieder gegen die Verabfolgung des Koffers, bis ich ihm eben so viel gegeben hatte, und so auch der dritte, daß es mir sechs Schillinge kostete, die ich auch gern gab, weil es mir auf dem Kustomhouse noch mehr würde gekostet haben.

Gleich am Ufer der Themse befanden sich verschiedne Träger, wovon einer den großen und schweren Koffer mit erstaunlicher Leichtigkeit auf die Schulter nahm, und ihn für zwei Schillinge so weit trug, bis wir eine Miethkutsche trafen, in welche wir ihn absetzten, und ich zugleich selbst mitfuhr, ohne weiter für den Koffer besonders zu bezahlen. Dieß ist ein großer Vortheil bei den Englischen Miethkutschen, daß es einem nicht verwehrt ist, mit sich zu nehmen, was man will: man erspart dabei doppelt so viel, als man einem Träger bezahlen müßte, und fährt selber mit. Die Antworten und Ausdrücke der gemeinen Leute sind mir hier wegen ihrer Kürze und Präcision oft schon sehr aufgefallen. Als ich mit dem Kutscher zu Hause kam, warnte ihn meine Wirthin, mir nicht zu viel abzufordern, weil ich ein Fremder sey: und wenn er auch kein Fremder wäre, antwortete er, so würde ich ihm nicht zu viel abfordern!

Meine Empfehlungsschreiben an einen hiesigen Kaufmann, die ich wegen der eiligen Abreise von Hamburg nicht mitnehmen konnte, sind nun auch angekommen, und haben mir viele Besorgnisse wegen der Umwechselung meines Goldes erspart, ich kann dieß nun wieder mit nach Deutschland nehmen, und dort an den Korrespondenten des hiesigen Kaufmanns die Summe wieder geben, die mir derselbe hier im Englischen Gelde auszahlt. Sonst hätte ich meine Preußischen Friedrichsd'or nach dem Gewicht verkaufen müssen. Für einige holländische Dukaten, die ich während der Zeit ausgeben mußte, bekam ich nicht mehr wie acht Schillinge.

Von den Matrosenpressen hat hier ein Ausländer nicht das mindeste zu befürchten, vollends wenn er sich an keinen verdächtigen Orten finden läßt. Eine sonderbare Erfindung zu diesem Endzweck ist ein Schiff, das nicht weit vom Tower auf Towerhill auf dem Lande steht, und mit Masten und Zubehör versehen ist. Einfältigen Leuten, die etwa vom Lande kommen und hier stehen bleiben, um es anzugaffen, verspricht man, es für eine Kleinigkeit zu zeigen, und sobald sie darinn sind, werden sie wie in einer Falle fest gehalten, und entweder nach Befinden der Umstände wieder losgelassen oder zu Matrosen weggenommen.

Gar bequem däucht einem Fremden der mit breiten Steinen gepflasterte Weg an beiden Seiten der Straßen, wo man vor der entsetzlichen Menge von Wagen und Kutschen auf den Straßen so sicher ist, wie in seiner Stube; denn kein Rad darf nur um einen Fingerbreit hinüber kommen. Indeß erfordert es die Höflichkeit, eine Dame, oder jemand, den man ehren will, nicht etwa wie bei uns, immer zur Rechten, sondern an der Seite der Häuser (Wall-side), es sey nun übrigens die rechte oder die linke, gehen zu lassen, weil diese die bequemste und sicherste ist. Mitten auf der Straße wird man in London nicht leicht einen vernünftigen Menschen gehen sehen, ausgenommen, wenn man queer über muß, welches bey Charingkroß, und andern Plätzen, wo sich verschiedne Straßen durchkreuzen, wirklich gefährlich ist.

Sehr auffallend ist es, wenn man, besonders auf dem Strande, wo ein Kaufmannsgewölbe an das andere stößt, und oft Leute von sehr verschiednem Gewerbe in einem Hause wohnen, die Häuser oft von unten bis oben, mit großen, an aufgehängte Tafeln gemahlten Buchstaben, beschrieben sieht. Alles was in dem Hause lebt und webt prangt auch mit einem Schilde vor der Thüre, und da ist in der That kein Schuhflicker, dessen Nahmen und Gewerbe nicht mit großer goldner Schrift von jedermann zu lesen ist. Es ist hier gar nichts Ungewöhnliches, hinter einander an den Thüren zu lesen: hier werden Kinder erzogen, hier Schuh geflickt, hier fremde Liqueurs verkauft, und hier Begräbnisse veranstaltet. Dealer in Foreign Spirituous Liquors, oder hier sind fremde Liqueure zu verkaufen ist unter allen die häufigste Inschrift, die ich gefunden habe. Auch soll die Begierde zum zum Brantweintrinken, besonders bei den gemeinen Engländern außerordentlich weit gehen, und es ist eine Englische Phrases, daß man von jemanden sagt, he is in liquor (er ist in Brantewein) wenn man bezeichnen will, daß er betrunken ist. Auch sind bei dem letzten großen Aufruhre, der noch jetzt immer der zweite oder dritte Gegenstand ist, worauf sich die gewöhnlichen Konversationen zu lenken pflegen, mehr Menschen bei den ausgeleerten Brantweinsfässern auf den Straßen, als durch die Musketenkugeln der eingerückten Regimenter, todt gefunden worden.

So weit ich diese Paar Tage über London durchstrichen bin, habe ich, im Ganzen genommen, nicht so schöne Häuser und Straßen, aber allenthalben mehr und schönere Menschen, als in Berlin, gesehen. Es macht mir ein wahres Vergnügen, so oft ich von Charingkroß, den Strand hinauf, und so weiter, vor der Paulskirche vorbei, nach der Königlichen Börse gehe, wenn mir vom höchsten bis zum niedrigsten Stande fast lauter wohlgestaltete, reinlich gekleidete Leute, im dicksten Gedränge begegnen, wo ich keinen Karrenschieber ohne weiße Wäsche sehe, und kaum einen Bettler erblicke, der unter seinen zerlumpten Kleidern nicht wenigstens ein reines Hemde trüge.

Ein sonderbarer Anblick ist es, unter diesem Gewühl von Menschen, wo jeder mit schnellen Schritten seinem Gewerbe oder Vergnügen nachgeht, und sich allenthalben durchdrängen und stoßen muß, einen Leichenzug zu sehen.

Die Englischen Särge sind sehr ökonomisch gerade nach dem Zuschnitt des Körpers eingerichtet; sie sind platt, oben breit, in der Mitte eingebogen, und unten nach den Füßen zu laufen sie spitz zusammen, ohngefähr wie ein Violinkasten.

Einige schmutzige Träger suchen sich mit dem Sarge, so gut sie können, durchzudrängen, und einige Trauerleute folgen. Uebrigens bekümmert man sich so wenig darum, als ob ein Heuwagen vorbeiführe. Bei den Begräbnissen der Vornehmen mag dieß vielleicht anders seyn.

Uebrigens kömmt mir ein solcher Leichenzug in einer großen volkreichen Stadt immer desto schrecklicher vor, je größer die Gleichgültigkeit der Zuschauer, und je geringer ihre Theilnehmung dabei ist. Der Mensch wird fortgetragen, als ob er gar nicht zu den übrigen gehört hätte. In einer kleinen Stadt oder Dorfe kennt ihn ein jeder, und sein Nahme wird wenigstens genannt.

Die Influenza, welche ich in Berlin verließ, habe ich hier wieder angetroffen, und es sterben viele Menschen daran. Noch immer ist es für die Jahrszeit ungewöhnlich kalt, so daß ich mir noch täglich muß Kaminfeuer machen lassen. Ich muß gestehen, daß mir die Wärme von den Steinkohlen im Kamine weit sanfter und milder vorkömmt, als die von unsern Oefen. Auch thut der Anblick des Feuers selbst eine sehr angenehme Wirkung. Nur muß man sich hüten, gerade und anhaltend hineinzusehen; denn daher kommen wohl mit die vielen jungen Greise in England, welche mit Brillen auf der Nase auf öffentlichen Straßen gehen und reiten; und sich also schon in ihrer blühenden Jugend der Wohlthat für das Greisenalter bedienen, denn unter diesen Nahmen (the Blessings of old Age) werden die Brillen in den Läden verkauft;

Ich esse jetzt beständig zu Hause, und muß gestehen, daß meine Mahlzeiten ziemlich frugal eingerichtet sind. Mein gewöhnliches Gericht des Abends ist eingemachter Lachs (Pickle Salmon) den man mit Oehl und Essig aus der Brühe isset, eine sehr erfrischende und wohlschmeckende Speise.

Wer in England Kaffee trinken will, dem rathe ich allemal vorherzusagen, wie viel Tassen man ihm von einem Loth machen soll, sonst wird er eine ungeheure Menge braunes Wasser erhalten, welches ich mit aller Erinnerung noch nicht habe vermeiden können. Das schöne Weizenbrod, nebst Butter und Chesterkäse halten mich für die spärlichen Mittagsmahlzeiten schadlos. Denn diese bestehen gemeiniglich aus einem Stück halbgekochten oder gebratnen Fleische, und einigen aus dem bloßen Wasser gekochten grünen Kohlblättern, worauf eine Brühe von Mehl und Butter gegossen wird; das ist wirklich die gewöhnliche Art, in England die Gemüse zuzurichten.

Die Butterscheiben, welche zum Thee gegeben werden, sind so dünne wie Mohnblätter.

Aber es giebt eine Art, Butterscheiben am Kaminfeuer zu rösten, welche unvergleichlich ist. Es wird nehmlich eine Scheibe nach der andern so lange mit einer Gabel ans Feuer gesteckt, bis die Butter eingezogen ist, alsdann wird immer die folgende drauf gelegt, so daß die Butter eine ganze Lage solcher Scheiben allmälig durchzieht: man nennt dieß einen Toast.

Vorzüglich gefällt mir die Art, ohne Deckbette zu schlafen. Man liegt zwischen zwei Bettlaken, wovon das obere die Unterlage einer leichten wollenen Decke ist, die ohne zu drücken, hinlänglich erwärmt. Das Schuhputzen geschiehet nicht im Hause, sondern durch eine benachbarte Person deren Gewerbe dieß ist, und die alle Morgen die Schuh aus dem Hause abholet, und gereinigt wiederbringt, wofür sie wöchentlich ein Gewisses erhält. Wenn die Magd unzufrieden mit mir ist, so höre ich zuweilen, daß sie mich draußen the German, den Deutschen nennt, sonst heiße ich im Hause the Gentleman, oder der Herr.

Das Fahren habe ich ziemlich eingestellt, ob es gleich lange nicht so viel kostet, wie in Berlin, indem ich hier für einen Schilling über eine Englische Meile hin und her fahren kann, wofür ich dort wenigstens einen Gulden bezahlen müßte. Demohngeachtet aber erspart man sehr viel, wenn man zu Fuße geht, und sich mit Fragen zu behelfen weiß. Von meiner Wohnung in Adelphi bis an die Königliche Börse, ist wohl so weit, wie von einem Ende Berlins zum andern, und bis an den Tower und St. Catharins, wo die Schiffe auf der Themse ankommen, ist wohl noch einmal so weit, und diesen Weg habe ich wegen meines Koffers, der noch auf dem Schiffe war, schon zweimal zu Fuße gemacht.

Als ich den ersten Abend, wie es dunkel ward, zurückkam, erstaunte ich über die herrliche Erleuchtung der Straßen, wogegen die unsrige in Berlin äußerst armselig ist. Die Lampen werden schon angesteckt, wenn es noch beinahe Tag ist, und die Laternen sind so dicht neben einander, daß diese gewöhnliche Erleuchtung einer feierlichen Illumination ähnlich sieht, wofür sie auch ein deutscher Prinz hielt, der zum erstenmal nach London kam, und im Ernst glaubte, daß sie seinetwegen veranstaltet sey.

Den 9ten Juni 1782.

Heute habe ich in der deutschen Kirche in Ludgatehill für Herrn Pastor Wendeborn gepredigt. Er ist der Verfasser der statistischen Beiträge zur nähern Kenntniß Großbrittanniens. Dieses schätzbare Buch hat mir schon ausserordentliche Dienste geleistet, und ich möchte einem jeden rathen, der nach England reißt, sich dieses Buch anzuschaffen, das um desto brauchbarer wird, weil man es bequem in der Tasche tragen, und sich allenthalben daraus Raths erholen kann. Natürlicher Weise hat Herr Wendeborn, der nun schon eine geraume Zeit in England lebt, mehr und besser beobachten können, als alle diejenigen, welche durchreisen oder sich nur eine kurze Zeit dort aufhalten können. Wer dieses Buch beständig bei der Hand hat, dem wird schwerlich etwas Bemerkenswerthes in und um London und überhaupt in der Verfassung des Landes, entwischen.

Herr Wendeborn lebt in New-Inn bei Templebar, in einer philosophischen aber nicht unthätigen Ruhe. Er ist beinahe nationalisirt, und seine Bibliothek besteht größtentheils aus Englischen Büchern. Beiläufig muß ich erwähnen, daß er in dem großen Gebäude, welches New-Inn heißt, seine Wohnung nicht gemiethet, sondern gekauft hat: so ist es auch mit allen übrigen Wohnungen dieses Hauses, und ein solcher Käufer von einigen Stuben und Kammern, wird wie ein Eigenthümer betrachtet, der Haus und Hof hat, und besitzt das Recht, bei Parlamentswahlen seine Stimme zu geben, wenn er kein Ausländer ist, welches bei Herrn Wendeborn der Fall war, der demohngeachtet auch vom Herrn Fox besucht wurde, als dieser zum Parlamentsgliede für Westminster gewählt werden wollte.

Eine sehr nützliche Maschine, welche in Deutschland noch nicht sehr bekannt ist, wenigstens nicht viel gebraucht wird, habe ich zuerst bei Herrn Wendeborn gesehen. Es ist dieses eine Presse, wodurch, vermöge sehr starker Stahlfedern, ein beschriebnes Blatt Papier auf ein andres unbeschriebnes abgedruckt werden kann, und man sich also die Mühe des Abschreibens erspart, und zugleich seine eigenthümliche Hand vervielfältigen kann. Herr Wendeborn bedient sich derselben, so oft er Manuscript verschickt, wovon er eine Abschrift zurückbehalten will. Die Maschine war von Mahagoniholz und kömmt ziemlich theuer zu stehen.

Vermuthlich wegen des späten Aufstehens der Einwohner von London, nimmt der Gottesdienst erst um halb eilf seinen Anfang. Ich hatte heute Morgen Herrn Wendeborn verfehlt, und mußte mich bei dem Thürsteher vor der Paulskirche nach der deutschen Kirche erkundigen, worinn ich predigen sollte; dieser wußte es nicht, ich erkundigte mich also in einer andern Kirche nicht weit davon, wo ich endlich zurechtgewiesen wurde, und nachdem ich durch eine Thür mit eisernen Stangen und einen langen Gang hinten hinaus gegangen war, endlich nach gerade zu rechter Zeit in die Kirche kam, wo ich nach der Predigt eine Danksagung für die glückliche Ankunft unsers Schiffes in London ablesen mußte. Die deutschen Prediger gehen hier völlig wie die Englischen gekleidet, in großen Priesterröcken mit weiten Ermeln, worein ich mich ebenfalls einhüllen mußte. Herr Wendeborn trägt sein eignes von Natur krauses Haar, nach englischer

Weise das Toupe vorn heruntergekämmt. Die andern deutschen Prediger, die ich gesehen habe, tragen Perücken, so wie auch viele Englische Geistliche.

Gestern habe ich unserm Gesandten dem Grafen Lucy meine Aufwartung gemacht, und die Simplicität in seiner Lebensart setzte mich in eine angenehme Verwunderung. Er wohnt in einem ganz gewöhnlichen schmalen Hause. Sein Sekretär wohnt oben, bei welchem ich auch den Preußischen Konsul sprach, der ihn gerade besuchte. Unten an der Erde rechter Hand ward ich unmittelbar in das Zimmer seiner Excellenz geführt, ohne daß ich durch eine Antichambre gehen durfte. Er trug ein blaues Kleid mit rothem Aufschlag und Kragen. Bei einer Tasse Kaffee unterredete er sich mit mir über allerlei wissenschaftliche Gegenstände, und da ich ihm von dem großen Streit über den -tacismus und Itacismus erzählte, erklärte er sich, als ein gebohrner Grieche für den Itacismus. Verlangte darauf von mir, ihn ohne Umstände, wenn ich wollte, zu besuchen, ich würde ihm willkommen seyn.

Herr Leonhardt, der einige bekannte Stücke, als die Lästerschule und andre aus dem Englischen ins Deutsche übersetzt hat, lebt hier, als Privatmann, und giebt Deutschen im Englischen und Engländern im Deutschen mit vieler Geschicklichkeit Unterricht, auch verfertigt er gegen ein jährliches Gehalt, den Artikel von England, in der Hamburgischen neuen Zeitung, und ist Logenmeister einer deutschen Loge in London, und Repräsentant aller deutschen Logen in England, welches Geschäft ihm mehr Mühe verursacht, als es ihm einträglich ist: denn alles wendet sich an ihn. Auch ich ward von Hamburg aus an ihn empfohlen. Er ist ein sehr dienstfertiger Mann, und hat mir schon manche Gefälligkeit erzeigt. Er weiß sehr gut Englische Verse zu deklamiren, und redet die Sprache beinahe wie seine Muttersprache, auch ist er mit einer liebenswürdigen Engländerinn verheirathet. Ich wünschte ihm das beste Schicksal von der Welt!

Nun hören Sie denn auch etwas von dem berühmten und an so vielen Orten nachgeahmten

Vauxhall

Vauxhall.

Gestern habe ich Vauxhall zum erstenmale besucht. Aus meinem Logis in Adelphi-Buildings hatte ich nicht weit zur Westminsterbrücke, wo immer eine große Anzahl von Böten auf der Themse befindlich ist, die jedem auf einen Wink zu Gebote stehen, der sich für einen Schilling oder Sixpence fahren lassen will.

Von hier fuhr ich also die Themse hinauf nach Vauxhall, wo man im Vorbeifahren zur linken Seite Lambeth und den alten Pallast des Bischofs von Canterbury liegen siehet.

Vauxhall ist eigentlich der Nahme eines kleinen Dorfs, worinn der Garten eben dieses Namens befindlich ist. Man zahlt beym Eingange einen Schilling.

Ich fand beym Eintritt wirklich einige Aehnlichkeit mit unserm Berliner Vauxhall, in sofern man kleines mit größern vergleichen kann, wenigstens waren die Gänge, nebst den Mahlereien am Ende, und den hohen Bäumen, die zuweilen an der Seite derselben einen Wald ausmachen, denen zu Berlin so ähnlich, daß ich mich oft im

Spazierengehen auf eine angenehme Art täusch: te, und vergaß, daß ich so weit von dieser Stadt entfernt war; insbesondere, da ich einige gebohrne Berliner, als den Herrn Kaufmann, Splittgerber, nebst mehrern hier antraf, mit denen ich den Abend sehr angenehm zubrachte.

Hin und wieder, besonders in einem der künstlichen Wälder in diesem Garten, wird man durch den plötzlichen Anblick der Bildsäulen von berühmten Englischen Dichtern und Philosophen, als z. B. Miltons, Thomsons und anderer angenehm überrascht. Was mich am meisten freute, war die Statue des deutschen Tonkünstlers Hendel, welche vorn beym Eingange in den Garten nicht weit vom Orchester befindlich ist.

Dieß Orchester ist unter einer Menge Bäume, wie in einem Wäldchen, sehr schön errichtet, und gleich beym Eintritt in den Garten schallt einem die Vokal = und Instrumentalmusik entgegen. Es lassen sich hier beständig weibliche Sängerinnen hören.

In der Nähe des Orchesters sind an den Seiten des Gartens kleine Nischen, mit Tischen und Bänken, worinnen gespeißt wird. Die Gänge vor denselben, so wie überhaupt im Garten, sind beständig gedrängt voll von Menschen aus den allerverschiedensten Ständen. Ich speißte hier mit dem Preußischen Legationssekretär und Herrn Splittgerber, nebst noch einigen gebohrnen Berlinern, und was mich am meisten wunderte, war die Frechheit der hiesigen unzüchtigen Weibspersonen, die zu halben Duzenden mit ihren Kuplerinnen ankamen, welche sich für sich selber und für ihr Gefolge, auf die unverschämteste Weise ein Glas Wein nach dem andern ausbaten, daß man ihnen nicht gut abschlagen durfte.

Ein Engländer eilte sehr schnell vor unsrer Nische vorbei, und als ihn einer seiner Bekannten fragte, wo er hinwolle, sagte er auf eine so komischwichtige Art, die uns alle zu Lachen machte: I have lost my Girl! Mein Mädchen ist mir aus dem Gesicht gekommen! Es schien, als ob er es suchte, wie man einen Handschuh oder Stock sucht, den man irgendwo hat stehen lassen.

Etwas spät in die Nacht sahen wir noch ein prächtiges Schauspiel in einem Theile des Gartens, wo nach aufgezognem Vorhange durch eine künstliche Maschine Auge und Ohr so getäuscht wurde, daß man einen würklichen Wasserfall von einem hohen Felsen herab, zu sehen und zu hören glaubte. Als alles im Gedränge hier hinrannte, entstand ein groß Geschrey, take care of your Pockets, nehmt eure Taschen in Acht! welches ein Zeichen war, daß einige Beutelschneider unter dem Haufen glückliche Handgriffe gemacht hatten.

Vorzüglich gefiel es mir in der sogenannten Rotunde, einem prächtigen runden Gebäude im Garten, welches vermittelst schöner Kronleuchter und großer Spiegel auf das schönste erleuchtet war, und rund umher mit vortrefflichen Gemählden und Bildsäulen prangte, mit deren Betrachtung man sich Stundenlang auf die angenehmste Art beschäftigen kann, wenn man des Gewühls und Gedränges von Menschen in den Lustgängen des Gartens müde ist.

Unter den Gemählden stellt eins die Uebergabe einer belagerten Stadt vor. Wenn man dieß Gemählde lange ansieht, so wird man bis zu Thränen dadurch gerührt; denn der Ausdruck des höchsten Elends, der an Verzweiflung gränzt, bei den Belagerten, nebst der ängstlichen Erwartung des ungewissen Ausgangs, und was der Sieger über die Unglücklichen beschließen wird, ist in dem Gesicht der um Gnade flehenden Einwohner vom Greise bis auf den Säugling, den seine Mutter emporhält, so wahr und natürlich zu lesen, daß man sich ganz vergißt, und am Ende beinahe kein Gemählde mehr zu sehen glaubt.

Auch hier findet man die Büsten vorzüglicher englischer Schriftsteller rund umher an den Seiten aufgestellt. So findet der Britte seinen Schackspear, Lokke, Milton, Dryden auch an den Plätzen des öffentlichen Vergnügens wieder, und ehret da ihr Andenken. Selbst das Volk lernt diese Namen kennen, und nennt sie mit Ehrfurcht. In dieser Rotunde ist auch ein Orchester, worinn bei regnigten Abenden die Musik aufgeführt wird. Doch genug von Vauxhall!

Ausgemacht ist es, daß die Englischen klassischen Schriftsteller, ohne alle Vergleichung, häufiger gelesen werden, als die Deutschen, die höchstens außer den Gelehrten, der Mittelstand, und kaum dieser ließt. Die Englischen National-schriftsteller ließt das Volk, wie unter andern die unzähligen Auflagen beweisen.

Meine Wirthinn, die nur eine Schneider-wittwe ist, ließt ihren Milton, und erzählt mir, daß ihr verstorbner Mann, sie eben wegen der guten Deklamation, womit sie den Milton las, zuerst liebgewonnen habe. Dieser einzelne Fall würde nichts beweisen, allein ich habe schon mehrere Leute von geringerm Stande gesprochen, die alle ihre Nationalschriftsteller kannten und theils gelesen hatten. Dies veredelt die niedern Stände und bringt sie den Höhern näher. Es giebt dort beinahe keinen Gegenstand der gewöhnlichen Unterredung im höhern Stande, worüber der niedre nicht auch mitsprechen könnte. In Deutschland ist seit Gellerten noch kein Dichternahme eigentlich wieder im Munde des Volks gewesen.

Aber es wird auch mehr für den Vertrieb der klassischen Schriftsteller, für wohlfeile und bequeme Ausgaben gesorgt. Man hat sie alle gebunden, in einer Folge in Taschenformat, und in welchem Format sie einer haben will. Ich habe mir für zwey Schillinge einen Milton in Duodez in niedlichem Franzband gekauft, der sich äusserst bequem in der Tasche tragen läßt. Auch scheinet es mir eine gute Einrichtung zu seyn, daß die Bücher, welche am häufigsten gelesen werden, größtentheils schon sehr sauber gebunden sind, wenn man sie kauft.

Allenthalben auf den Straßen trift man Antiquarien, die einzelne Stücke von Schakespear, und andre Kleinigkeiten für einen Penny, ja zuweilen für einen Halfpenny, (einen Dreyer nach unserm Gelde) verkaufen. Von einem solchen Antiquarius habe ich beide Theile vom Vikar von Wakefild für einen Sirpence oder halben Schilling (vier Groschen ohngefähr) gekauft.

Wie aber unsre deutsche Litteratur noch in England geschäzt wird, habe ich unter andern aus dem vorgedruckten Avertissement von einem Buche gesehen, daß unter dem Titel the Entertaining Museum oder Complete Circulating Library, sowohl eine Reihe aller klassischen Englischen

Schriftsteller, als auch Uebersetzungen von den berühmtesten französischen, spanischen, italienischen und selbst deutschen (even german) Romanen enthalten soll.

Bei diesem Buche ist auch der wohlfeile Preiß merkwürdig, wodurch die Bücher in England mehr unters Volk kommen. Damit, heißt es in dem Avertissement, jedermann im Stande seyn möge, dieß Werk zu kaufen, und sich allmälig eine sehr schätzbare Bibliothek anzuschaffen, ohne die Kosten gewahr zu werden, so wird wöchentlich ein Bändchen herauskommen, welches geheftet einen Sixpence (vier Groschen,) und gebunden, mit dem Titel auf dem Rücken, neun Pence (6 Groschen) kostet. Der 25ste und 26ste Band von diesem Werke enthalten den ersten und zweiten Theil vom Landprediger von Wakefield, den ich eben von einem Antiquarius gekauft habe.

Die einzige Uebersetzung aus dem Deutschen, welche in England vorzüglich Glück gemacht hat, ist wohl Geßners Tod Abels. Die Uebersetzung ist dort weit öfter aufgelegt, wie in Deutschland das Original. Man hat schon die achtzehnte Edition davon, und sie schreibt sich der Vorrede nach, von einem Frauenzimmer her. Klopstocks Messias ist, wie bekannt, äusserst schlecht aufgenommen worden; freilich soll auch die Uebersetzung darnach seyn, ich kann sie hier nicht zu Gesicht bekommen. Herr Pastor Wendeborn hat eine deutsche Sprachlehre für die Engländer, in Englischer Sprache geschrieben, die gut aufgenommen ist. Nicht zu vergessen ist, daß die Schriften unsers Jakob Böhme sämmtlich ins Englische übersetzt sind.

London, den 13ten Juni.

So oft ich von Ranelagh gehört hatte, machte ich mir doch keine deutliche Vorstellung davon. Ich dachte mir darunter einen Garten, etwa von andrer Einrichtung wie Vauxhall, und wer weiß was. Gestern Abend ging ich zu Fuße hinaus, um diesen Ort des Vergnügens zu besuchen, verirrte mich aber nach Chelsea, wo ich einen Karrenschieber traf, der mich nicht nur sehr höflich zurechtwieß, sondern mich auch die Strecke, die wir miteinander gingen, unterhielt, und sich von mir sehr viel von unserm King of Prussia erzählen ließ, nach welchem er sich sehr eifrig erkundigte, sobald er auf Befragen, was für ein Landsmann ich wäre, von mir hörte, daß ich ein Königlich Preußischer Unterthan sey.

Ich langte also in Ranelagh an, und nachdem ich beim Eingange meine halbe Krone erlegt hatte, fragte ich nach der Thür zum Garten, man zeigte mir diese, und zu meiner großen Verwunderung trat ich in einen ziemlich unansehnlichen, schwach erleuchteten Garten, wo ich nur wenige Personen antraf. Es währte auch nicht lange, so wurde ich von einer jungen Lady, die da spazieren ging, und mir ohne Umstände ihren Arm bot, gefragt: warum ich hier so einsam ginge? Ich schloß nun, dieß könne unmöglich das prächtige, gepriesne Ranelagh seyn, als ich nicht weit von mir verschiedne Leute in eine Thüre gehen sahe, denen ich folgte, um etwa dadurch wider ins Freie zu kommen, oder die Scene zu verändern.

Aber welch ein Anblick, als ich auf einmal aus der Dunkelheit des Gartens in ein von vielen hundert Lampen erleuchtetes rundes Gebäude trat, das an Pracht und Schönheit alles übertraf, was ich noch dergleichen gesehen hatte! Alles war hier Cirkelförmig: oben eine Gallerie mit abgetheilten Logen, und auf einem Theil derselben eine Orgel mit einem schöngebauten Chore, von welchem Instrumental- und Vokalmusik herunterschallte; unter dieser Gallerie rund umher schön ausgemahlte Nischen für diejenigen, welche Erfrischungen zu sich nehmen wollen; der Fußboden mit Teppichen belegt, in der Mitte desselben vier hohe schwarze Pfeiler, innerhalb welcher zierliche Kamine zur Zubereitung von Kaffee, Thee und Punsch angebracht sind, und um welche in der Ründung mit allerley Erfrischungen besetzte Tische stehen. Um diese vier Pfeiler drehet sich nun die ganze schöne Welt von London, im dicksten Gedränge spazieren gehend, wie eine bunte Spindel herum.

In dieß Gedränge mischte ich mich zuerst. Und ich muß gestehen, daß die mannigfaltig abwechselnden Gesichter, wovon wirklich bei weitem die größte Anzahl von blendender Schönheit is nebst der Erleuchtung, und der Größe, Majestät und Pracht des Orts, und der beständig dabei forttönenden Musik, einen unbeschreiblich angenehmen Eindruck auf die Phantasie macht, und daß einem, der dieß zum erstenmal siehet, ohngefähr so dabei zu Muthe ist, wie bei den Feenmährchen, die er in seiner Kindheit gelesen hat.

Als ich des Gedränges und Herumgehens im Cirkel müde war, setzte ich mich in eine der Nischen, um einige Erfrischungen zu nehmen, und sahe aus dieser nun mit Muße, diesem Spiele und Gedränge der fröhlichen sorgenfreien Welt zu, als ein Aufwärter mich sehr höflich fragte, was ich für Erfrischungen verlangte, und mir das Verlangte in wenig Minuten brachte. Zu meiner Verwunderung wollte dieser für die Erfrischungen kein Geld von mir annehmen, welches ich mir nicht erklären konnte, bis er mir sagte, daß alles schon mit der halben Krone beym Eingange bezahlt sey, und daß ich nur befehlen dürfte, wenn ich noch etwas genießen wollte, ihm aber, wenn es mir gefiele, ein kleines Trinkgeld geben möchte. Dieß gab ich ihm sehr gerne, weil ich für meine halbe

Krone nicht so viel Höflichkeit und gute Bewirthung erwartet hatte.

Ich ging nun auf die Gallerie, und setzte mich in eine der Logen, wo ich, wie ein ernster Weltbeschauer, auf das beständig im Cirkel sich umher drehende Gewühl hinunterblickte, und Sterne, und Ordensbänder, französische Frisuren, und ehrwürdige Perücken, das Alter, und die Jugend, die Hoheit und den simpeln Mittelstand im bunten Gewimmel sich einander durchkreuzen sahe. Ein Engländer, welcher sich zu mir gesellte, zeigte mir da auf mein Befragen, Prinzen und Lords mit ungeheuren Sternen, womit sie die übrige unansehnlichere Menge verdunkelten.

Hier drehten sich andre im ewigen Cirkel herum, um zu sehen und gesehen zu werden; dort versammlete sich ein Trupp eifriger Dilettanten in der Tonkunst vor dem Orchester und schmaußte mit den Ohren, indeß andre bei den wohlbedienten Tischen auf eine reellere Art ihren lechzenden Gaumen erfrischten, und noch andre, so wie ich, einsam auf der Gallerie in dem Winkel einer Loge saßen, um über dieß alles ihre Betrachtungen anzustellen.

Nun machte ich mir noch einigemal das Vergnügen, allen diesen Glanz und Pracht auf wenige Augenblicke mit der Dunkelheit des Gartens zu vertauschen, und mir die angenehme Ueberraschung zu erneuern, die mir mein erster Eintritt in das Gebäude verursachte. So brachte ich hier unter beständiger Abwechselung von Vergnügen einige Stunden in die Nacht zu, wo das Gedränge allmälig sich verminderte, und ich dann auch eine Kutsche nahm und nach Hause fuhr.

In Ranelagh schien mir mir die Gesellschaft ausgesuchter und feiner als in Vauxhall zu seyn; denn von geringem Stande geht niemand hin, der nicht seinen besten Schmuck anlegt, und es dadurch der feinen Welt gleich thun sucht, wenigstens sah ich unter der ganzen Menge keinen, der nicht seidene Strümpfe getragen hätte. Die ärmsten Familien machen wenigstens jährlich einmal den Aufwand, sich nach Ranelagh fahren zu lassen, wie meine Wirthinn versicherte, daß sie selbst einen Tag im Jahre festzusetzen pflegte, an dem sie ohnfehlbar nach Ranelagh führe. Uebrigens ist der Aufwand in Ranelagh nicht so groß, wie in Vauxhall, wenn man auf die Erfrischungen siehet, denn wer im Vauxhall zu Abend essen will, wie es die meisten thun, dem kann leicht eine sehr spärliche Mahlzeit eine halbe Guinee kosten.

Das Parlament.

Bald hätte ich vergessen, Ihnen zu sagen, daß ich schon im Parlament gewesen bin, und doch ist dieß das Wichtigste. Und wenn ich in England auch sonst nichts als dieß gesehen hätte, so würde ich mich für meine Reise schon hinlänglich belohnt halten.

So wenig ich mich auch sonst um die politische Welt bekümmert habe, weil es bei uns wirklich nicht der Mühe werth ist, war ich doch sehr begierig, einer Parlamentssitzung mit beizuwohnen, und dieser Wunsch wurde mir sehr bald gewährt.

An einem Nachmittage um drei Uhr, wo gemeiniglich die Sitzung anhebt, erkundigte ich mich nach Westminsterhall, und wurde von einem Engländer sehr höflich zurechtgewiesen, wie denn dieß überhaupt geschiehet, man mag fragen, wen man wolle, so daß man sich, wenn man nur einigermaßen der Sprache mächtig ist, mit leichter Mühe durch ganz London finden kann.

Westminsterhall ist ein ungeheures Gothisches Gebäude, dessen Gewölbe nicht von Pfeilern unterstützt wird; statt deren sind aber an beiden Seiten des Gewölbes große und unförmliche aus Holz geschnittene Engelsköpfe angebracht, die dasselbe zu tragen scheinen.

Wenn man durch diese lange Halle geht, so steigt man am Ende ein Paar Stuffen hinauf, und kömmt zur linken Seite durch einen dunkeln Gang, in's Haus der Gemeinen, das unten eine große doppelte Thür hat, und auf einer kleinen Treppe kömmt man zu der Gallerie für die Zuschauer.

Als ich das erstemal diese Treppe hinaufging, und an das Geländer kam, sah ich hier einen sehr feinen Mann in einem schwarzen Kleide stehen: den ich fragte, ob ich auf die Gallerie

kommen

kommen dürfe? Er antwortete mir, ich müsse von einem Parlamentsgliede heraufgebracht werden, sonst könne es nicht geschehen. Da ich nun nicht die Ehre hatte, ein Parlamentsglied zu kennen, und also mißvergnügt wieder die Treppe hinunter ging, hörte ich mir etwas von bottle of wine nachschallen, das ich mir schlechterdings nicht erklären konnte, bis ich zu Hause kam, und von meiner Wirthinn hörte, ich hätte dem feingekleideten Manne eine halbe Krone oder zwei Schillinge zu einer Bouteille Wein in die Hand drücken sollen. Dieß that ich den folgenden Tag, wo mir derselbe Mann, der mich vorher abgewiesen hatte, nachdem ich ihm nur zwei Schillinge in die Hand gedrückt, sehr höflich die Thür öfnete, und mir selber einen Platz auf der Gallerie anwieß.

Und nun sah ich also zum erstenmale in einem ziemlich unansehnlichen Gebäude, das einer Kapelle sehr ähnlich sieht, die ganze Englische Nation in ihren Repräsentanten versammelt: der Sprecher, ein ältlicher Mann, mit einer ungeheuren Allongenperücke, in einem schwarzen Mantel, den Hut auf dem Kopfe, nur gerade gegenüber auf einem erhabenen Stuhle, der mit einer kleinen Kanzel viel Aehnlichkeit hat, nur das vorn das Pulpet daran fehlt; vor diesem Stuhle ein Tisch, der wie ein Altar aussieht, vor welchem wiederum zwei Männer, welche Clerks heißen, schwarz gekleidet und in schwarzen Mänteln sitzen, und auf welchem neben den pergamentnen Akten, ein großer vergoldeter Scepter liegt, der allemal weggenommen, und in ein Behältniß unter den Tisch gelegt wird, sobald der Sprecher von seinem Stuhle herabsteigt, welches geschieht so oft sich das Haus in eine sogenannte Kommittee oder bloße Untersuchung verwandelt, während welcher es seine Würde, als gesetzgebende Macht gewissermaßen ablegt. Sobald dieß vorbei ist, sagt jemand zu dem Sprecher: nun könnt ihr euch wieder hinsetzen! und sobald der Sprecher seinen Stuhl besteigt, wird auch der Scepter wieder vor ihm auf den Tisch gelegt.

An den Seiten des Hauses rund umher unter der Gallerie sind die Bänke für die Parlamentsglieder, mit grünem Tuch ausgeschlagen, immer eine höher, als die andre, wie unsre Chöre in den

Kirchen, damit derjenige, welcher redet, immer über die vor ihm sitzenden wegsehen kann. Eben so sind auch die Bänke auf der Gallerie. Die Parlamentsglieder behalten ihre Hüte auf, aber die Zuschauer auf der Gallerie sind unbedeckt.

Die Parlamentsglieder im Unterhause haben nichts Unterscheidendes in ihrer Kleidung; sie kommen im Ueberrock und mit Stiefeln und Sporen herein. Es ist nichts ungewöhnliches, ein Parlamentsglied auf einer von den Bänken ausgestreckt liegen zu sehen, indeß die andern debattiren. Einige knakken Nüsse, andre essen Aepfelsinen, oder was sonst die Jahrszeit mit sich bringt. Das Ein- und Ausgehen dauert fast beständig, und so oft jemand hinausgehen will, stellt er sich erst vor den Sprecher, und macht ihm seinen Reverenz, gleichsam als ob er ihn, wie ein Schulknabe seinen Präceptor, um Erlaubniß bittet.

Das Reden geschiehet ohne alle Feierlichkeit: einer steht bloß von seinem Sitze auf, nimmt seinen Hut ab, wendet sich gegen den Sprecher, an den alle Reden gerichtet sind, behält Hut und Stock in einer Hand, und mit dem andern macht er seine Gesten.

Redet einer schlecht, oder hat das, was er sagt, für die meisten nicht Interesse genug, so ist oft ein solches Lermen und Gelächter, daß der Redende kaum sein eignes Wort hören kann, welches für diesen eine sehr ängstliche Lage seyn muß; und dann hat es sehr viel Komisches, wenn der Sprecher auf seinem Stuhle, wie ein Präceptor zu wiederhohltenmalen Ordnung gebietet, indem er ausruft, to Order, to Order! ohne das eben viel darauf geachtet wird.

Sobald hingegen einer gut und zweckmäßig redet, so herrscht die äußerste Stille, und einer nach dem andern giebt seinen Beifall dadurch zu erkennen, daß er hear him! hört ihn! ruft, welches denn freilich oft vom ganzen Hause auf einmal geschiehet, und auf die Weise ein solches Geräusch verursacht, daß der Redende wiederum durch eben dieses hear him! oft unterbrochen wird. Demohngeachtet ist dieser Zuruf immer eine große Aufmunterung, und ich habe oft bemerkt, daß einer, der mit einiger Furchtsamkeit oder Kälte zu reden anfängt, am Ende dadurch in ein solches Feuer gesetzt wird, daß er mit einem Strome von Beredtsamkeit spricht.

Weil alle Reden an den Sprecher gerichtet sind, so fangen sie sich immer mit Sir an, auf welche Anrede der Sprecher seinen Hut ein klein wenig abnimmt, ihn aber sogleich wieder aufsetzt. Dieses Sir, dient denn auch oftmals, die Uebergänge in den Reden zu machen, und ist ein gutes Hülfsmittel, sobald jemanden sein Gedächtniß verläßt. Denn während, daß er Sir sagt, und dabei eine kleine Pause macht, besinnt er sich auf das Folgende. Doch habe ich auch gesehen, daß einer am Ende eine Art von Koncept aus der Tasche ziehen mußte, wie ein Kandidat, der in der Predigt stecken bleibt: sonst werden die Reden nicht abgelesen. Diese Reden haben ebenfalls ihre Gemeinörter, als z. B. worauf in diesem Hause immer vorzüglich Rücksicht genommen werden müsse, und dergleichen.

Gleich am ersten Tage zeigte mir ein Engländer, der neben mir auf der Gallerie saß, die vornehmsten Mitglieder des Parlaments, als Fox, Burke, Rigby u. s. w., die ich alle reden hörte. Es wurde debattirt, ob dem Admiral Rodney außer dem Lordstitel noch eine reelle Belohnung sollte gegeben werden; zugleich wurde Fox von dem jungen Lord Fielding vorgeworfen, daß er sich als Minister der Wahl des Admiral Hood zum Parlamentsgliede für Westminster entgegengesetzt habe.

Fox hatte seinen Platz zur rechten Seite des Sprechers, nicht weit von dem Tische, worauf der vergoldete Scepter liegt, nun nahm er seine Stellung so nahe an diesem Tische, daß er ihn mit der Hand erreichen, und manchen herzhaften Schlag darauf thun konnte, nachdem es der Affekt seiner Rede erforderte: Und wie er sich nun gegen den Lord Fielding vertheidigte, indem er behauptete, daß er sich nicht als Minister, sondern bloß als Privatmann dieser Wahl entgegengesetzt, und seine Stimme einem andern, nehmlich dem Herrn Cecil Wray, gegeben habe; und daß der König, da er ihn zum Staatssekretär gemacht, keinen Tausch mit ihm eingegangen sey, wodurch er seine Stimme als Privatmann verlöhre, welchen Tausch er nicht würde angenommen haben; und mit wel-

chem Feuer und hinreißender Beredtsamkeit er
sprach, und wie der Sprecher auf dem Stuhle
aus seiner Wolkenperücke ihm unaufhörlich Bei:
fall zunickte, und alles hear him! hear him!
rief, und Speak yet! wenn es schien, als wollte
er aufhören zu reden; und er auf die Weise bei:
nahe zwei Stunden nacheinander sprach, das
kann ich Ihnen nicht beschreiben. Rugby hielt dar:
auf noch eine kurze aber sehr launigte Rede, worinn
er sagte, wie wenig der bloße Lords oder Lady'stitel
ohne Geld zu bedeuten habe, und schloß mit der
lateinischen Sentenz: infelix paupertas, quia
ridiculos miseros facit, nachdem er vorher sehr
fein bemerkt hatte, man müsse erst zu erfahren
suchen, ob der Admiral Rodney nicht wiederum
einige wichtige Prisen gemacht hätte, weil er
alsdann eben keiner Belohnung an Gelde mehr
bedürftig seyn würde. Ich bin nachher fast alle
Tage im Parlament gewesen, und ziehe die Un:
terhaltung, die ich dort finde, den meisten an:
dern Vergnügungen vor.

Fox ist immer noch bei dem Volke sehr be:
liebt, ob man gleich unzufrieden darüber ist,
daß auf seine Veranstaltung der Admiral Rodney

zurückgerufen wird, auf den ich ihn doch selbst die stärkste Lobrede habe halten hören. Charles Fox ist schwärzlich, klein, untersetzt, gemeinhin schlecht frisirt, hat ein etwas jüdisches Ansehen, ist übrigens wohlgebildet, und die Politik sieht ihm aus den Augen: Mr. Fox is cunning like a Fox habe ich hier oft sagen hören. Burke ist ein wohlgewachsener langer gerader Mann, der schon etwas ältlich aussieht. Rygby ist sehr korpulent, und hat ein rothes starkes Gesicht.

Sehr auffallend waren mir die offenbaren Beleidigungen und Grobheiten, welche sich oft die Parlamentsglieder einander sagten, indem der eine z. B. aufhörte zu reden, und der andre unmittelbar darauf anfing: it is quite absurd u. s. w. Es ist höchst ungereimt, was der right honourable Gentleman, mit diesen Titel beehren sich die Parlamentsglieder vom Unterhause, eben jetzt vorgetragen hat. Niemals aber sagt, der Einrichtung gemäß, jemand dem andern ins Gesicht, daß er z. B. einfältig gesprochen habe, sondern er wendet sich, wie gewöhnlich, zu dem Sprecher, und sagt, indem er diesen anredet, der right honourable Gentleman habe sehr einfältig gesprochen.

Sehr komisch sieht es aus, wenn zuweilen einer spricht, und der andre die Gestus dazu macht: wie ich dieß einmal bei einem alten ehrlichen Bürger bemerkte, der sich selbst nicht zu reden getraute, aber indeß sein Nachbar sprach, jede nachdrückliche Sentenz desselben mit einer eben so nachdrücklichen Gestikulation, wobei sein ganzer Körper in Bewegung gerieth, bezeichnete.

Oft verirret sich der Gang der Debatten in einen Privatwortwechsel und Mißverständnisse untereinander, wenn dieß zu lange dauert, und man zu sehr von der Hauptsache abkömmt, so wird man endlich des Dings überdrüssig, und es entstehet ein allgemeines Rufen: The queſtion! The queſtion! Dieß muß zuweilen öfter wiederhohlt werden, weil immer einer gegen den andern noch gern das letzte Wort haben will. Endlich aber kömmt es denn doch zum Stimmen, und der Sprecher sagt: wer für die Sache ist, der sage ay, und wer darwieder ist, sage no! Dann hört man ein verwirrtes Geschrei von ay und no untereinander. Und der Sprecher sagt

sagt entweder: mir däucht, es sind mehr ay's als no's, oder, es sind mehr no's als ay's. Denn müssen aber alle Zuschauer von der Gallerie gehen, und das eigentliche Stimmen nimmt erst seinen Anfang. Die Parlamentsglieder schreien alsdann zu der Gallerie hinauf withdraw! withdraw! bis alle Zuschauer entfernt sind. Diese werden solange in ein Zimmer unten an der Treppe eingesperrt, und wenn das Stimmen vorbei ist, wieder hinaufgelassen. Hier habe ich mich über den Muthwillen, selbst bei gesitteten Engländern wundern müssen, mit welcher Gewalt sie sich wieder aus der Stube hinausdrängten, sobald nur die Thüre geöfnet wurde, um die ersten zu seyn, die wieder auf der Gallerie ankamen. Auf die Weise sind wir zuweilen zwei bis dreimal von der Gallerie fortgeschickt, und wieder hinaufgelassen worden.

Unter den Zuschauern giebt es Leute von allerlei Stande, auch sind beständig Damen darunter. Ein Paar Geschwindschreiber haben zuweilen nicht weit von mir gesessen, die auf eine etwas verstohlne Weise, die Worte des Redenden nachzuschreiben suchten, welche denn gemeiniglich noch denselben Abend gedruckt zu lesen sind. Vermuthlich werden diese Leute von den Verlegern der Zeitungen besoldet. Einige Personen giebt es, die beständige Zuschauer im Parlament sind, und für eine ganze Sitzung eine Guinee an den Thürsteher pränumeriren. Von den Parlamentsgliedern habe ich gesehen, daß einige ihre Söhne, als junge Knaben schon mit in dies Haus und auf ihre Sitze nahmen.

Es ist im Vorschlage gewesen, daß im Oberhause auch eine Gallerie für Zuschauer errichtet werden solle. Dieß ist aber nicht zu Stande gekommen. Auch geht es im Oberhause schon sittsamer und hofmäßiger zu. Wer aber Menschen beobachten, und die abstechendsten Charaktere in ihren stärksten Aeußerungen betrachten will, der gehe ins Unterhaus!

Vergangnen Dienstag war Hängetag; es war aber auch zugleich eine Parlamentswahl: eins von beiden konnte ich nur mit ansehen, ich zog denn, wie natürlich, das letztre vor, indem ich nur in der Ferne die Todtenglocke jener Opfer der Gerechtigkeit läuten hörte. Jetzt beschreibe ich Ihnen also

Eine Parlamentswahl.

Die Städte London und Westminster schicken jede zwei Mitglieder ins Parlament. Fox ist eins von den beiden Mitgliedern für Westminster; die erledigte Stelle des zweiten sollte besetzt werden. Und eben der Cäcil Wray, welchen Fox, statt des Admiral Hood, dem er entgegen war, vorgeschlagen hatte, wurde nun öffentlich gewählt. Zuweilen soll es bei solchen Wahlen, wenn eine Oppositionsparthei da ist, blutige Köpfe setzen; hier war aber die Wahl schon so gut wie geschehen, weil diejenigen, die sich für den Admiral Hood beworben hatten, schon von freien Stücken zurückgetreten waren, da sie sahen, daß ihr Vorhaben nicht durchging.

Die Wahl geschahe in Koventgarden, einem großen Marktplatze, unter freiem Himmel. Es war nehmlich vor dem Eingange einer Kirche, die auch die Paulskirche heißt, aber nicht mit der Kathedrale zu verwechseln ist, ein Gerüst für die Wählenden gebauet, die in rothen Mänteln und mit weißen Stäben auf übereinander errichteten Bänken saßen: ganz oben war ein

Stuhl für den Präses: alles aber war nur von Holz und Brettern zusammengeschlagen. Vorn auf dem Gerüste, wo die Bänke aufhörten, waren Matten gelegt, und hier standen diejenigen, welche zu dem Volke redeten. Auf dem Platze vor dem Gerüste hatte sich eine Menge Volks und größtentheils der niedrigste Pöbel versammlet. Die Redner bückten sich tief vor diesem Haufen, und redeten ihn allezeit mit dem Titel Gentlemen (edle Bürger!) an. Herr Cäcil Wray mußte vortreten und diesen Gentlemen mit Hand und Mund versprechen, seine Pflichten, als ihr Repräsentant im Parlament auf das getreuste zu erfüllen. Auch entschuldigte er sich mit seiner Reise und Kränklichkeit, daß er nicht einem jeden unter ihnen, wie es sich gebühre, seine Aufwartung gemacht habe. Sobald er anfing zu reden, war die ganze Menge so still wie das tobende Meer, wenn der Sturm sich gelegt hat, und alles rief, wie im Parlamente, hear him! hear him! und sobald er aufgehört hatte zu reden, erschallte ein allgemeines Hurrah aus jedem Munde, und jeder schwenkte seinen Hut, und der schmuzigste Kohlenträger seine Mütze um den Kopf.

Er ward nun von den Deputirten auf der Bühne förmlich gewählt, und dem Volke in seiner neuen Würde von einem Manne vorgestellt, der in einer wohlgesetzten Rede ihm und dem Volke Glück wünschte. Dieser Mann hatte eine gute Ausrede: he speaks very well! sagte ein Karrenschieber der neben mir stand.

Kleine Knaben hingen sich an Geländer und Laternenpfähle, und als ob sie überzeugt wären, daß auch sie schon mit angeredet würden, hörten sie aufmerksam dem Redner zu, und bezeugten am Ende auf gleiche Weise durch ein freudiges Hurrah ihren Beifall, indem sie, wie die Erwachsenen, ihre Hüte um den Kopf schwenkten.

Hier wachten alle Bilder von Rom, Koriolan, Julius Cäsar und Antonius in meiner Seele auf. Und mag dieß immer nur ein Gaukelspiel seyn, so kann doch selbst eine solche Chimäre das Herz und den Geist erheben.

O lieber Freund, wenn man hier siehet, wie der geringste Karrenschieber an dem was vorgeht seine Theilnehmung bezeigt, wie die kleinsten Kinder schon in den Geist des Volks mit einstimmen, kurz, wie ein jeder sein Gefühl zu erkennen giebt, daß er auch ein Mensch und ein Engländer sey, so gut wie sein König und sein Minister, dabei wird einem doch ganz anders zu Muthe, als wenn wir bei uns in Berlin die Soldaten exerciren sehen.

Als Fox, der mit unter den Wählenden war, gleich anfänglich in seinem Wagen angefahren kam, ward er mit einem allgemeinen Freudengeschrei empfangen; zuletzt nachdem der Aktus beinah vorbei war, fiel es dem Volke ein, ihn reden zu hören, und alles schrie: Fox! Fox! ich rief selber mit, und er mußte auftreten und reden, weil wir ihn hören wollten. Er trat denn auf und bekräftigte nochmals vor dem Volke, daß er schlechterdings nicht als Staatsminister, sondern nur als Privatmann bei dieser Wahl Einfluß gehabt habe.

Nachdem nun alles vorbei war, so zeigte sich der Muthwille des Englischen Pöbels im höchsten Grade. Binnen wenigen Minuten war das ganze bretterne Gerüste mit Bänken und Stühlen abgebrochen, und die Matten, womit es bedeckt war, in tausend lange Streifen zerrissen, womit der Pöbel einen Cirkel schloß, in welchem Vornehme und Geringe gefangen wurden, was nur in den Weg kam, und so zog das Volk im Triumph durch die Straßen.

Hier führt doch ein jeder, bis auf den Geringsten, den Namen Vaterland im Munde, den man bei uns nur von Dichtern nennen hört. For my country I'll shed every Drop of my Blood! sagt der kleine Jacky in unserm Hause, ein Knabe, der kaum zwölf Jahr alt ist. Vaterlandsliebe und kriegrische Tapferkeit ist gemeiniglich der Inhalt der Balladen und Volkslieder, welche auf den Straßen von Weibern abgesungen und für wenige Pfennige verkauft werden. Noch kürzlich brachte unser Jacky eins mit zu Hause, worinn die Geschichte eines Admirals erzählt wurde, der noch tapfer kommandirte, als ihm schon beide Beine abgeschossen waren, und er sich mußte emporhalten lassen. Die Verachtung des Volks gegen den König geht erstaunlich weit. Our King is a Blockhead! hab' ich wer weiß wie oft sagen hören; indem man zu gleicher Zeit den König von Preußen mit Lobsprüchen bis an den Himmel erhob. Dieser habe einen kleinen Kopf, hieß es, aber hundertmal so viel Verstand darinn,

als

der König von England in seinem ziemlich dicken Kopfe. Ja bei einigen ging die Verehrung gegen unsern Monarchen so weit, daß sie sich ihn im Ernst zum Könige wünschten. Nur wunderten sie sich über die große Menge Soldaten, die er hält, und daß allein in Berlin eine so große Anzahl davon einquartirt sind, da sich in London, oder der eigentlichen City, nicht einmal ein Trupp Soldaten von des Königs Garde darf blicken lassen.

Vor einigen Tagen habe ich auch den Zug des Lordmayors in London, in einem ungeheuer großen, vergoldeten Wagen gesehen, welchem eine erstaunliche Menge von Kutschen folgten, in denen die übrigen Magistratspersonen oder sogenannten Aldermänner von London sitzen. Doch genug für diesesmal!

London, den 17ten Juni.

Ich habe nun London alle Tage nach verschiednen Richtungen durchstrichen, und bin jetzt, nach meinem Grundriß zu urtheilen, mit diesen Wanderungen beinahe fertig. Dann solls wei-

E

ter ins Land gehn, und das, wills Gott! in ein Paar Tagen, denn schon lange bin ich des immerwährenden Kohlendampfes müde, und sehr begierig, einmal eine reinere Luft wieder einzuathmen.

Es ist wohl wahr, daß London, im Ganzen genommen, nicht so schön wie Berlin gebaut ist, aber es hat mehrere und schönere große Plätze, die sogenannten Squares, deren eine ziemliche Anzahl sind, und die denn doch unsern Gens d'armes-Markt, Dehnofschen, und Wilhelmsplatz an Pracht und Regelmäßigkeit zu übertreffen scheinen. Diese Squares oder viereckigten Plätze enthalten die prächtigsten Gebäude von London, und innerhalb derselben ist ein runder grüner Rasenplatz mit einem Geländer eingefaßt, in dessen Mittelpunkt gemeiniglich eine Statüe errichtet ist, wovon die, welche ich gesehen habe, zu Pferde und vergoldet waren. In Großvenosquare ist statt dieses Rasenplatzes sogar ein kleines Wäldchen in der Rundung angelegt. Einer der längsten aber auch angenehmsten Wege, die ich gemacht habe, ist von Paddington nach Islington, wo man zur linken

Seite eine schöne Aussicht auf die nahegelegnen Hügel, und vorzüglich nach dem Dorfe Hampstead, das an einem dieser Hügel erbauet ist, und zur rechten Seite die Straßen der Stadt London in einem abwechselnd schönen Prospekte hat. Freilich ist es gefährlich, hier, besonders in den Mittags= und Abendstunden allein zu gehen: denn noch vergangene Woche ist auf eben diesem Wege ein Mensch beraubt und erschlagen worden. Doch nun von etwas andern!

Das brittische Museum.

Ich habe auch Herrn Pastor Woide kennen lernen, der mit dem brittischen Museum in Verbindung steht, und mir Gelegenheit verschaft hat, dasselbe, noch am Tage vorher, ehe es geschlossen wurde, zu sehen; Da man sich sonst vierzehn Tage vorher melden muß, ehe man zugelassen wird. Eigentlich habe ich aber freilich nur die Zimmer und Glasschränke, und Bücherrepositoria im brittischen Museum, und nicht das brittische Museum selbst gesehn, so schnell wurden wir durch die Zimmer ge=

führt. Die Gesellschaft bestand aus allerlei, auch ganz niedrigen Personen, beiderlei Geschlechts: denn weil es ein Eigenthum der Nation ist, so muß einem jedweden der Zutritt dazu verstattet werden. Ich hatte Herrn Wendeborns Beiträge bei mir, wodurch ich wenigstens auf einiges Specielle, als die ägyptischen Mumien, einen Homerskopf, und einige andre Dinge aufmerksam gemacht wurde. Sobald das die übrige Gesellschaft von Engländern bemerkte, versammelten sie sich um mich, und ich unterrichtete sie aus Herrn Wendeborns deutschem Buche, was hier zu sehen sey. Der Trustee oder Aufseher, welcher uns herumführte, bezeigte eine spöttische Verwunderung, da er erfuhr, daß ich eine deutsche Beschreibung vom brittischen Museum bei mir habe. Man ist in einer Art von Betäubung, wenn man binnen einer Stunde durch alle diese Zimmer geht, und die ungeheuren Schätze von Naturmerkwürdigkeiten, Alterthümern und Gelehrsamkeit anstaunt, woran man wenigstens ein Jahr aufmerksam zu betrachten, und eine Lebenszeit zu studiren haben würde. Theilweise soll die Sammlung von

von andern weit übertroffen werden, aber im Ganzen genommen, und an Vollständigkeit dieser keine gleich kommen. Durchreisende Theologen pflegen sich gern den Alexandrinischen Kodex zeigen zu lassen, um sich mit ihren Augen zu überzeugen, ob die Stelle: Drei sind die da zeugen, u. s. w. darinn steht, oder nicht.

Der Herr Pastor Woide wohnt nicht weit von Paddington, ganz am Ende der Stadt, in einer sehr angenehmen Gegend, wo man schon eine weit freiere und reinere Luft einathmet, als mitten in der Stadt. Seine Verdienste um die orientalische Litteratur sind bekannt. Er ist aber auch ein sehr umgänglicher und dienstfertiger Mann.

Das Theater zu Haymarket.

Vergangene Woche bin ich denn auch zweimal in der Englischen Komödie gewesen. Das erstemal wurde der Nabob aufgeführt, wovon der verstorbene Foot Verfasser ist, und zum Nachspiel wurde ein komisches Singspiel The

Agreeable Surprise, die angenehme Ueberraschung gegeben; das andremal aber der Englische Kaufmann, welches Stück ins Deutsche übersetzt, und unter dem Titel: die Schottländerinn oder das Kaffeehaus, bekannt ist.

Das Theater zu Koventgarden und Drurylane habe ich nicht gesehen, weil auf denselben im Sommer nicht gespielt wurde. Auch reisen die besten Schauspieler vom May bis zum Oktober aufs Land, und spielen nur im Winter. Die Schauspieler, welche ich gesehen habe, waren, einige wenige ausgenommen, eben nicht sonderlich.

In den Logen bezahlt man fünf, im Parterre drei, in der ersten Gallerie zwei, und in der letzten oder Obergallerie einen Schilling. Und gerade diese Obergallerie macht für ihren einen Schilling das meiste Lerm. Ich war im Parterre, welches bis an das Orchester schräg hinuntergeht, und von oben bis unten mit Bänken versehen ist. Und alle Augenblicke kam eine faule Apfelsine bei mir oder meinem Nachbar vorbei, mir auch wohl auf den Hut geflogen, ohne daß ich es wagen durfte, mich umzusehen, wenn mir nicht auch eine ins Gesicht geflogen kommen sollte.

Beiläufig werden diese Aepfelsinen sehr häufig in London gegessen, und man verkauft sie um einen ziemlich wohlfeilen Preiß, zuweilen eine oder gar zwey für einen Halfpenny, oder einen Dreier nach unserm Gelde. In der Komödie hingegen foderte man mir für eine einen Sirpence ab.

Außer diesem Werfen von der Gallerie hat das Schreien und Stampfen mit den Stöcken kein Ende bis der Vorhang aufgezogen ist. Ich sahe einen großen Müller oder Beckerjungen mit seinem Stocke über das Geländer reichen, und immer auswendig mit aller Gewalt daran schlagen, so daß ihn jedermann sehen konnte, ohne daß er sich gescheuet oder geschämt hätte. Zuweilen hörte ich auch, daß Leute aus der untern Gallerie mit der obern zankten.

Hinter mir im Parterre saß ein junger Geck, der um seine prächtigen Steinschnallen brilliren zu lassen, immer seinen Fuß auf meine Bank, und auch wohl auf meinen Rockschoos setzte, wenn ich seinen Schnallen nicht Platz machte.

In den Logen saßen die Bedienten der Herrschaften, die nicht da waren, ganz in einem Winkel; denn wenn es einer wagt, sich darinn blicken zu lassen oder hinaus zu sehen, soll er gleich mit einer ganzen Ladung Apfelsinenschalen von der Gallerie begrüßt werden.

In dem Nabob von Foot sind lokal und persönliche Anzüglichkeiten, die für einen Fremden verlohren gehen. Der Nabob, welchen ein Mr. Palmer mit alle dem vornehmseynwollenden affekirten Air eines plötzlich zu ungeheuren Reichthümern gelangten Geckes, spielte, wurde von einer Gesellschaft naturforschender Freunde, von Quäkern, und wer weiß von wem sonst, zum Mitgliede gesucht und aufgenommen, und eine höchst einfältige Rede, die er spottweise in dem naturforschenden Klubb hielt, mit Bewunderung angehört. Die beiden Scenen mit den Quäkern, und mit der Gesellschaft Naturforscher, die mit den wichtigsten Minen, ihren Präses in der Mitten, an einem grünen Tische saßen, indeß der Sekretär die lächerlichen Geschenke des Nabobs sehr sorgfältig aufzeichnete, waren höchst komisch. Eine der letzten Scenen nahm sich noch am besten aus, wo des Nabobs alter Freund und Spielkamerad ihn besucht, der ihn ohne Umstände bei seinem Taufnahmen anredet, aber auf alle seine Fragen: ob er ihn denn nicht mehr kenne, sich nicht noch jenes Spiels, jener Schlägerei, die sie als Kinder gehabt, u. s. w. zu erinnern wisse, mit einem kalten und spöttischen: no Sir! und vornehmen Achselzucken zurückgewiesen wird, das äusserst karakteristisch war.

Das Nachspiel the agreeable Surprise, war wirklich eine sehr komische Farce. Und auch hier habe ich denn gesehen, daß die Schulmeister, so wie allenthalben, auf dem Theater lächerlich gemacht werden, welches auch sehr natürlich ist, denn die Pedanterie der Schulmeister in England geht so weit, wie irgendwo. Eben der, welcher in dem vorigen Stücke, mit sehr viel Natur und eigenthümlicher Laune den ehemaligen Schulkameraden des Nabob spielte, machte hier den Schulmeister. Er heißt Edwin, und ist gewiß einer der besten unter den Schauspielern die ich hier gesehen habe.

Dieser Schulmeister ist denn in ein gewisses Bauermädchen, Nahmens Cowslip, verliebt, der er auf eine wunderliche mythologischgrammatikalische Art seine Liebeserklärungen thut, und von der er unter andern einmal in voller Begeisterung folgende Arie singt, wobei er fast vor Zärtlichkeit zerschmilzt, indem er von der Konjugation anfängt und mit der Deklination und dem Genere aufhört:

 Amo, amas
 I love a Laſs,
 She is ſo ſweet and tender!
 It is ſweet Cowslips grace
 In the nominative Caſe
 And in the foeminine Gender.

Das in the nominative Caſe, und in the foeminine Gender singt er insbesondre mit einer unnachahmlichen Zärtlichkeit. Dabei behält dieser Edwin bei seinen komischen Rollen immer etwas gutmüthiges im Gesicht, das ich noch bei keinem komischen Schauspieler so bemerkt habe, und welches macht, daß man ihm ohngeachtet aller seiner Lächerlichkeiten gut bleibt, und sich für den Charakter, den er vorstellt, doppelt interessiret. Nichts gleicht dem Ton und der Mine voll Selbstgefälligkeit, womit er einem, der ihn fragte, ob er ein Scholar, (ein Studierter) wäre, zur Antwort gab: Why, I was a Master of Scholars! Eine Mrs. Webb stellte eine Käsehändlerinn vor, und spielte das gemeine Weib so natürlich, wie ich es noch nirgends gesehen habe. Ihr starker Körper und ihr ganzes Aeussere schien aber auch dazu gemacht zu seyn.

Der arme Edwin mußte als Schulmeister sich fast heißer singen, indem er seine Deklinations- und Konjugations-Arien oft zwei bis dreimal wiederholen mußte, wenn es der Obergallerie beliebte encore! zu rufen, und dann mußte er sich noch dazu mit einem tiefen Reverenz für den hohen Beifall bedanken.

Das stärkste Komische des Stücks liegt übrigens in einer Lüge, die in dem Munde der Wiedererzählenden immer ungeheurer anwächst, so lange das Stück dauert, und die Zuschauer beinahe in einem ununterbrochenen Gelächter erhält. Die Piece ist noch nicht gedruckt, sonst hätte ich Lust, mich an eine Uebersetzung oder Nachahmung zu wagen.

Den Englischen Kaufmann, oder die Schottländerinn, habe ich bei uns in der Uebersetzung weit besser, als hier im Original aufführen sehen. Insbesondre spielte Herr F l e ck in Hamburg den Englischen Kaufmann mit weit mehr Interesse, Wahrheit und Biederheit, als hier ein gewisser A i ck i n, der wenig oder nichts von dem eigenthümlichen originellen Wesen des Freeports ausdrückte, sondern ihn beinahe mit seiner abgemeßnen Sprache und Gange in einen galanten Herrn verwandelt hätte.

Der alte treue Bediente, welcher für seinen Herrn das Leben lassen will, hatte einen gravitätischen Gang, wie ein Minister. Den Zeitungsschreiber Spatter machte eben der Herr Palmer, welcher den Nabob gespielt hatte; jedermann sagte aber er mache ihn zu Gentleman-like, das ist zu sehr mit dem Air und Wesen eines Gentleman oder feinen Mannes: auch war seine Person zu ansehnlich dazu.

Die Amalia wurde von einer Schauspielerinn gemacht, die zum erstenmal hier auftrat, und daher aus Furchtsamkeit noch etwas leise sprach, so daß man sie nicht allenthalben hören konnte: speak louder, o speak louder! fing ein Kerl auf der Obergallerie an, und sie bequemte sich den Augenblick lauter zu sprechen.

Neben mir im Parterre, war man oft mit seinem Beifall sehr verschwenderisch, bei der kleinsten oft unbedeutendsten Rede, die mit einigen Affekt gesagt ward, riefen immer einige Stimmen, very well! als wenn sie, wer weiß was für einen Meisterzug der Schauspielkunst bemerkt hätten. Daher ist denn dieß very well auch von wenigem Nachdruck.

The agreeable Surprise wurde wiederhohlt, und ich sahe es zum zweitenmale mit Vergnügen. Es ist auch ein Lieblingsstück geworden, und wird immer mit dem Zusatz: the favourite musical Farce angekündigt. Das Theater schien mir etwas größer wie das Hamburger zu seyn, und das Haus war beidemal sehr voll. So viel von der Englischen Komödie!

Englische Sitten und Erziehung.

Nun noch etwas die Pädagogik betreffend. Ich habe die Einrichtung einer hiesigen sogenannten Akademie gesehen, deren es in London eine ungeheure Menge giebt, die aber im Grunde weiter nichts, als kleine von Privatleuten errichtete Pensionsanstalten für Kinder und junge Leute sind.

Der eine von den beiden Engländern, die meine Reisegefährten waren, machte mich dem Herrn Green bekannt, der in der Gegend von Paddington wohnet, und ein Erziehungsinstitut für zwölf junge Leute hat, deren Anzahl er, so wie bei uns Herr Kampe, nicht überschreitet, welches dort auch mehrere thun.

Beim Eintritt erblickte ich über der Thür des Hauses ein großes Schild mit der Inschrift: Mr. Greens Academy. Herr Green nahm mich als einen Fremden sehr freundschaftlich auf, und zeigte mir seine Lehrstube, welche völlig so wie die Klassen in unsern öffentlichen Schulen, mit Bänken und einem Katheder versehen war.

Der Unterlehrer des Herrn Green war ein junger Geistlicher der die Knaben vom Katheder in der lateinischen und griechischen Sprache unterrichtete. Ein solcher Unterlehrer heißt ein Usher, und ist gemeiniglich ein geplagtes Geschöpf, gerade so, wie er einmal im Landprediger von Wakefield beschrieben wird. Indem wir in die Klasse traten, ließ er gerade die Knaben ganz nach dem alten Schlendrian lateinisch dekliniren, und es klingt einem sehr sonderbar, wenn man z. B. anstatt viri, nach der Englischen Aussprache, weirei, des Mannes, weiro, dem Manne, u. s. w. dekliniren hört. Eben so ging es nachher auch mit dem Griechischen.

Den Mittag lud uns Herr Green zu Tische, wo ich seine Frau, ein sehr artiges junges Weib, kennen lernte, die mit den Kindern auf eine solche Art umging, daß sie unter den Erziehern an diesem kleinen Institut vielleicht das meiste leistete. Die Kinder bekamen blos Wasser zu trinken. Für jeden Pensionär erhält Herr Green nicht mehr, als jährlich dreißig Pfund Sterling, beklagte sich aber auch darüber, daß dieses zu wenig sey: vierzig bis funfzig Pfund soll beinahe das Höchste seyn, was bezahlt wird.

Ich erzählte ihm von unsern Fortschritten in der Erziehungskunst, und sprach mit ihm von der Würde des Erziehers, und dergleichen: er hörte sehr aufmerksam zu, schien aber selbst wenig an dergleichen gedacht zu haben. Vor und nach

Tische ward das Vaterunser französisch gebetet, welches an mehrern Orten geschiehet, damit man, wie es scheint, auch diese Gelegenheit zu einer Uebung in der französischen Sprache nutzen, und also einen doppelten Endzweck erreichen möge. Ich sagte ihm nachher meine Meinung über diese Art zu beten, welche er mir doch nicht übel zu nehmen schien.

Als gegessen war, hatten die Knaben auf einem sehr engen Hofe, Freiheit zu spielen, welches denn in den meisten Akademien in der Stadt London das non plus ultra ihres Spielraums in den Erhohlungsstunden ist. Herr Green aber hat auch einen Garten am Ende der Stadt, wohin er sie zuweilen spazieren führt.

Des Nachmittags gab der Master Herr Green selber, im Schreiben, Rechnen und Französischen Unterricht, welches die Kinder bei ihm recht gut lernten; besonders Schreiben, worinn die Englische Jugend die unsrige gewiß weit übertrift, vielleicht, weil sie nur einerlei Buchstaben zu lernen brauchen. Weil die Hundstagsferien bald angehen sollten, wo die Kinder aus den Akademien allemal vier Wochen zu

Hause

Hause gehen, so mußte jeder mit der äusserten Sorgfalt eine Vorschrift nachschreiben, um diese seinen Eltern zu zeigen, weil darauf am meisten gesehen wird. Alle Regeln des Syntax wußten die Knaben auswendig.

Sonst heißen alle diese Akademien eigentlich nur Baordingschools, (Schulen, worinn man zugleich speiset) einige haben auch diesen Nahmen noch beibehalten, welche oft mehr als die sogenannten Akademien zu bedeuten haben. Größtentheils sind Geistliche mit einem geringen Gehalt die Unternehmer solcher Erziehungsinstitute, sowohl in der Stadt als auf dem Lande, und es können sich auch fremde erwachsene Personen darinn aufnehmen lassen, um die Sprache zu lernen. Herr Green nahm für Wohnung, Tisch und Unterricht im Englischen, wöchentlich zwei Guineen. Wer sich aber in der Englischen Sprache ganz vollkommen machen will, der thut am besten, wenn er weit ins Land geht und sich dort bei einem Geistlichen, der Pensionärs hält, in die Kost verdingt, wo er weiter nichts als Englisch reden hört, und es von jung und alt bei jeder Gelegenheit lernen kann.

Es giebt in England, auſſer den beiden Univerſitäten, nur wenige große Schulen und Gymnaſien. So ſind in London bloß die St. Pauls= und Weſtminſterſchule. Die übrigen ſind faſt lauter Privatanſtalten, worinn eine Art von Familienerziehung herrſcht, die freilich wohl die natürlichſte iſt, wenn ſie nur ſo wäre wie ſie ſeyn ſollte. Einige ſogenannte Grammar-schools oder lateiniſche Schulen giebt es demohn= geachtet hin und wieder, wo der Lehrer auſſer dem Schulgelde noch eine fixe Beſoldung erhält.

Man ſieht immer auf den Straßen in Lon= don kleine und große Knaben mit langen blauen Röcken, die wie ein Talar bis auf die Füße heruntergehen, und mit einem weißen Krägel= chen, wie die Prediger tragen, herumlau= fen. Dieſe ſind aus einer Armenanſtalt, die von den blauen Röcken den Nahmen führt. Das Singen der Chorſchüler auf den Straßen, wie es gewöhnlich bei uns geſchieht, iſt hier gar nicht gebräuchlich. Es iſt auch wegen des beſtändigen Gehens, Reitens und Fahrens auf den Straßen nicht wohl thunlich. Die Eltern, auch von ge=

ringem Stande, scheinen hier gegen ihre Kinder sehr gütig und nachsichtsvoll zu seyn, und nicht so sehr, wie bei uns der Pöbel, mit Schlägen und Scheltworten ihren Geist zu unterdrücken. Die Kinder müssen schon früh sich selber schätzen lernen, statt daß bei uns die Eltern vom Pöbelstande ihre Kinder wieder zu eben der Sklaverei erziehen, worunter sie selber seufzen.

Ohngeachtet aller zunehmenden Modesucht bleibt man hier denn doch der Natur noch treu bis in gewisse Jahre. Welch ein Kontrast, wenn ich mir unsre sechsjährigen, blassen, verzärtelten Berlinerknaben mit einem großen Haarbeutel und dem ganzen Staate eines Erwachsenen, wohl gar in einem verbrämten Kleide denke, und dagegen hier lauter blühende, schlanke, rüstige Knaben, mit offner Brust und abgeschnittnem Haar erblicke, das sich von selber in natürliche Locken rollt. Hier ist es etwas sehr seltnes bei einem Knaben oder jungen Menschen eine blasse Gesichtsfarbe, entstellte Züge, und schlechtproportionirte Gliedmaßen anzutreffen. Bei uns ist wirklich das Gegentheil etwas seltnes, sonst würden die schönen Menschen nicht so auffallen.

Diese freie natürliche Tracht dauert doch bis ins achtzehnte auch wohl ins zwanzigste Jahr. Dann hört sie freilich bei den feinern Ständen auf, und dauert nur noch bei dem Pöbel fort. Dann fängt man an sich frisiren zu lassen, die Haare mit Brenneisen zu kräuseln, einen dicken Zopf zu tragen, und den halben Rücken mit Puder zu bestreuen. Unter den Händen meines Englischen Friseurs habe ich länger als unter den Händen eines Deutschen aushalten, und unter seinem heißen Eisen schwitzen müssen, womit er mir die Haare von unten bis oben kräuselte, damit ich mich unter Engländern (o Zeiten!) produciren könnte. Hierbei bemerke ich, daß die Englischen Friseur zugleich Barbier sind, welches sie denn herzlich schlecht verrichten, ob ich gleich diese Beschäftigung ihnen für anständiger, als den Wundärzten halte, die sich bei uns damit abgeben. Es ist unglaulich, wie die Engländer in den jetzigen Zeiten französiren; was noch fehlet sind die Haarbeutel und die Degen, womit ich wenigstens niemanden auf öffentlicher Straße habe gehen sehen, aber demohngeachtet fährt man damit zur Cour.

(85)

Des Morgens pflegt man in einer Art Negligee (Morningdreſs) mit unfriſirten bloß aufgewickeltem Haar, und im Frak und Stiefeln auszugehen. In Weſtminſter dauert der Morgen bis Nachmittags um vier bis fünf Uhr, wo man erſt zu Mittage ſpeiſet, nach welchem Verhältniß ſich denn auch die Zeit des Abendeſſens und zu Bettegehens richtet. Um zehn Uhr wird gemeiniglich erſt gefrühſtückt. Je weiter man von der Gegend des Hofes wiederum in die Stadt kömmt, deſto bürgerlicher wird es auch, und man ſpeißt wohl zu Mittage um drei Uhr, ſobald nehmlich die Geſchäfte auf der Börſe geendigt ſind.

Beſetzte Kleider werden denn doch nicht getragen, und die gewöhnlichſte Art, ſich im Sommer zu kleiden, iſt eine kurze weiße Weſte, ſchwarze Beinkleider, weiße ſeidne Strümpfe, und ein Frak, gemeiniglich von ſehr dunkelblauen Tuche, das beinahe wie ſchwarz ausſieht, wenigſtens bedient man ſich immer der dunklern Farben. Will man Galla machen, ſo trägt man ſchwarz. Officiere gehen nicht in Uniform, ſondern kleiden sich bürgerlich, und zeichnen sich blos durch eine Kokarde am Hute aus.

Sobald die Engländer frisirt sind und Halsbinden tragen scheinen sie auch weichlicher zu werden, und warnen einen bei jeder Gelegenheit daß man sich nicht erkälten solle. You'll catch cold! heißt es, wenn man sich nur ein wenig dem Zuge oder der Luft aussetzt, oder nicht warm genug angezogen ist.

Die gewöhnliche Konversation dreht sich im Sommer fast immer um den wichtigen Gegenstand, ob dieser oder jener Bekannte in the Country, (auf dem Lande) oder in Town (in der Stadt) sey. Freilich ist dieß sehr natürlich, da beinahe die Hälfte von den Einwohnern der Stadt im Sommer aufs Land hinauszieht, wohin ich auch bald wandern werde, ob ich gleich kein Einwohner von London bin.

Die Elektricität ist das Puppenspiel der Engländer. Wer damit Wind machen kann, ist eines glücklichen Erfolgs gewiß. Dieß kann denn ein gewisser Herr Katterfello, der sich für einen Preußischen Husarenobristen ausgiebt, schlecht Englisch spricht, und außer den gewöhnlichen elektrischen und andern physikalischen Versuchen noch einige Taschenspielerkünste versteht, womit er, wenigstens den Zeitungen nach, das ganze Publikum in Bewunderung und Erstaunen setzt. Denn fast in jedem Zeitungsbogen, der erscheint, stehen Gedichte auf den großen Katterfello gedruckt, die irgend einer von seinen Zuhörern ex tempore gemacht hat.

Jeder Vernünftige hält diesen Katterfello für einen Windbeutel, demohngeachtet hat er Zulauf die Menge. Er hat den Leuten demonstrirt, daß die Influenza von einer Art kleiner Insekten herrühre, welche die Luft vergiften, und ein Arkanum, das er dagegen zu haben vorgibt, wird ihm reißend abgekauft. Seit einigen Tagen hat er in die Zeitung setzen lassen: Herr Katterfello habe zwar immer sehr gewünscht, daß kaltes und regnigtes Wetter einfallen möge, um die kleinen schädlichen Insekten in der Luft zu tödten, jetzt wünsche er aber nichts eifriger als heitres Wetter, weil seine Majestät und die ganze Königliche Familie beschlossen hätten, sobald einmal ein schöner Tag seyn würde, die großen Wunder in Augenschein zu nehmen, welche ihnen dieser erhabne Philosoph darstellen würde; und die Königliche Familie soll noch nicht daran gedacht haben, die Wunder des Herrn Katterfello zu sehen. Dergleichen Aufschneidereien werden im Englischen sehr schön durch das Wort, Puff ausgedrückt, welches in seiner ersten Bedeutung, das Schnauben oder Blasen eines starken Windes, und in der zweiten oder metaphorischen eine Prahlerei oder Aufschneiderei bedeutet.

Von solchen Puffs sind nun die Englischen Zeitungen tagtäglich voll. Besonders von Quacksalbereien und Arkanis womit sich hier schon mancher, und unter andern auch ein Deutscher, der unter dem Nahmen the German Doctor bekannt ist, bereichert hat. Eine Ankündigung von einer Lotterie in den Zeitungen fängt sich mit großgedruckten Buchstaben also an: „Zehntausend „Pfund für einen Sixpence! — Ja, es „mag so erstaunlich scheinen wie es wolle, so „ist es doch ungezweifelt wahr, daß für den kleinen Einsatz von einem Sixpence zehntausend „Pfund, und andre Hauptgewinnste, die sich „bis auf 50000 Pfund belaufen, gewonnen

„werden können u. s. w." Genug für dießmal von den Windbeuteleien der Engländer!

Gestern habe ich bei dem Herrn Pastor Schrader, einem Schwiegersohne des Herrn Professor Forster in Halle gespeißt. Er steht als Prediger an der St. James Kapelle, nebst einem Kollegen und einem Lektor, der auch ordinirt ist, aber jährlich nur 50 Pfund Einkünfte hat. Herr Pastor Schrader giebt zugleich den jungen Prinzen und Prinzessinnen von der Königlichen Familie Religionsunterricht. Bei ihm sprach ich auch die beiden Besatzungsprediger, Herrn Lindemann und Herrn Kritter, welche mit den Hannövrischen Truppen nach Minorka gegangen, und jetzt mit der Besatzung wieder zurückgekehret waren. Sie sind aller Gefahr mit ausgesetzt gewesen. Auch die deutschen Prediger, so wie alle in öffentlichen Bedienungen stehende Personen in England, müssen von ihren Besoldungen eine gewisse sehr beträchtliche Taxe bezahlen.

Die Englischen Geistlichen, besonders in London zeichnen sich durch eine sehr freie und zügellose Lebensart aus. Seit meiner Anwesenheit hat sich einer in Hidepark duellirt, und seinen Gegner erschossen. Er ward von der Jury oder den zwölf Geschwornen gerichtet, und sie erklärten ihn für guilty of Manslaughter, oder des unvorsetzlichen Todschlages schuldig, worauf er mit einem kalten Eisen in die Hand gebrandmarkt wurde, welches Recht der Adel und die Geistlichkeit vor andern Mördern voraus hat.

Gestern vor acht Tagen, da ich für Herrn Wendeborn gepredigt hatte, kamen wir vor einer Englischen Kirche vorbei, worinn noch gepredigt wurde, wir gingen hinein, und es sprach ein junger Mensch, ob er gleich ablaß, mit ziemlich guter Deklamation, die freilich bei den Engländern immer eintönig bleibt. Wir gingen darauf der Kirche gegenüber in ein Kaffehaus, wo wir zu Mittag aßen. Es währte nicht lange, so kam auch der Geistliche, den wir hatten predigen hören. Er forderte sich Feder und Dinte, schrieb in großer Eile einige Blätter voll, die er wie ein Koncept in die Tasche steckte, darauf ließ er sich zu essen geben, und ging unmittelbar darauf wieder in dieselbe Kirche. Wir folgten ihm, und er trat auf die Kanzel, nahm sein Geschriebnes aus der Tasche, und hielt wahrscheinlich die Predigt, die er in unsrer Gegenwart im Kaffeehause verfertigt hatte.

In diesen Kaffeehäusern herrscht aber auch eine große Stille, ein jeder redet leise mit seinem Nachbar, die meisten lesen Zeitungen und keiner stört den andern. Das Zimmer ist gleich draußen auf dem Flur, und man tritt in dasselbe, so wie man in die Hausthüre tritt, die Sitze sind durch bretterne Verschläge abgetheilt. Viele Briefe und Aufsätze werden hier geschrieben, auch solche, die man in den Zeitungen gedruckt ließt, sind gemeiniglich aus irgend einem Kaffeehause datirt. Es läßt sich also schon denken, daß jemand hier eine Predigt verfertigen könne, die er im Begriff ist, sogleich in einer naheliegenden Kirche zu halten.

Noch eine weite Tour habe ich ziemlich oft gemacht, über Hannoversquare, und Kavendischsquare, nach Bullstroatstreet, bei Paddington, wo der Dänische Gesandte wohnt, und wo ich den Dänischen Legationssekretär Herrn Schönborn zu verschiednenmalen besucht habe. Er ist aus einer Probe einer Uebersetzung vom Pinbar und auch sonst als Philosoph und schöner Geist in Deutschland bekannt. Mit ihm habe ich sehr angenehme Stunden zugebracht. Empyrische Psychologie und die tiefste Philosophie der Sprache ist sein Lieblingsstudium, und er hat darüber vortreffliche Sachen in seinem Pulte ausgearbeitet liegen, von denen zu wünschen wäre, daß er sie der Welt mittheilen möchte. Auch ist die erhabne Poesie, besonders die Ode, sein Fach: Ueberdem besitzt er eine ausgebreitete Gelehrsamkeit und Belesenheit in den Schriften der Griechen und Römer. Und alles, was er treibt, treibt er gewiß aus Liebe zur Sache und nicht aus Ruhmsucht. Man möchte sagen, es sey Schade, daß ein so vortrefflicher Mann sich so in sich zurückzieht, wenn sich nicht die vortrefflichsten Menschen gemeiniglich in sich zurückzuziehen pflegten. Was ihn aber über dieß alles schätzbar macht, ist seine reine offne Seele, und sein vortrefflicher Charakter, der ihm die Liebe und das Zutrauen aller seiner Freunde erworben hat. Er ist schon als Gesandschaftssekretär in Algier gewesen, und lebt jetzt hier, wenn seine Amtsgeschäfte ihn nicht binden, ganz sich selber und den Wissenschaften. So angenehm mir diese Bekanntschaft ist, so schwer wird es mir werden, den freundschaftlichen und lehrreichen Umgang dieses Mannes sobald wieder zu verlieren.

Ich habe denn auch den hiesigen großen Freimäurersaal in Free Masons Tavern gesehen. Dieser Saal ist von einer ganz erstaunlichen Höhe, und Breite, beinahe wie eine Kirche. Das Orchester für die Musikanten ist in der Höhe angebracht, und man hat von demselben eine Uebersicht des ganzen Saals, der sich sehr majestätisch ausnimmt. Seine Erbauung hat große Summen gekostet, wozu auch die Logen in Deutschland mit beigetragen haben. Die Freimäurerei wird hier übrigens nicht viel mehr geachtet, weil die meisten Zusammenkünfte einmal zu Trinkgesellschaften herabgewürdigt sind, ob es gleichwohl noch Logen geben mag, die sich zu einem edlern und wesentlichern Zweck vereinigen. Der Herzog von Kumberland ist jetzt Landesgroßmeister.

London, den 20ſten Juni 1782.

Endlich hat mein Entſchluß, aufs Land zu gehen, geſiegt; noch heute Nachmittag ſoll's mit der Stage coach fortgehen, und dieſen Morgen ſchreibe ich Ihnen den letzten Brief aus London, verſteht ſich, bis ich von meinen Wanderungen wieder zurückkomme; denn, ſobald ich nur aus den unſichern Gegenden um London bin, werde ich mich gewiß nicht länger in eine Poſtkutſche einpacken laſſen, ſondern meinen Stab ergreifen, und meinen Weg zu Fuße fortſetzen. Jetzt aber will ich erſt nachhohlen, was ich Ihnen noch zu ſchreiben vergeſſen, oder ſeit ein Paar Tagen noch Merkwürdiges in London geſehen habe; und das iſt denn vor allen andern

Die St. Paulskirche.

Ich muß geſtehen, daß beim erſten Eintritt in dieß Gebäude, die außerordentliche Leere, welche darinn herrſcht, die Majeſtät des Eindrucks bei mir etwas hemmte, ſtatt ſie zu vermehren. Um mich nichts als ungeheure leere Wände und

Pfeiler, in erstaunlicher Höhe über mir das gemauerte Gewölbe, unter mir der mit Marmor gepflasterte ebne flache Boden, kein Altar, oder sonst irgend ein Zeichen, daß man sich hier versammle, um das höchste Wesen zu verehren; denn das eigentliche Chor oder Kirche, wo der Gottesdienst gehalten wird, ist nur wie angebaut, und durch ein Gitter von dem großen runden Hauptgebäude abgesondert. Will man sagen, daß ein solcher Tempel der Verehrung des höchsten Wesens am angemessensten sey, so lobe ich mir doch den großen Tempel der Natur, das blaue Gewölbe des Himmels, und den grünen Teppich, der den Fußboden bekleidet, hier ist ein größrer Tempel, und hier ist nichts Leeres, alles ist hier voll von Spuren der göttlichen Gegenwart; wollen aber Menschenhände diesen Tempel nachahmen, so muß nothwendig etwas darinn angebracht seyn, das mich für das Volle und Lebendige in der Natur schadlos hält, und mich den erhabnen Endzweck eines solchen Gebäudes einigermaßen sehen und empfinden läßt. Betrachte ich hingegen die Paulskirche bloß als ein Werk der Kunst, das gleichsam 'da ist, um zu zeigen, was menschliche Kräfte hervorbringen können, so flößt sie mir freilich Ehrfurcht und Bewunderung ein. Es läßt sich über dergleichen freilich nicht disputiren, doch kann es zuweilen gut seyn, wenn einer sagt, wie es ihm vorgekommen ist.

Ich ward denn für eine Kleinigkeit an Gelde von einem Manne in der Kirche herumgeführt, der seine Lektion, wie viel Fuß die Kirche hoch, lang und breit, und in wie viel Jahren sie erbaut sey, u. s. w. ganz mechanisch auswendig hersagte, das ich ihm gerne geschenkt hätte. In dem durch ein Gitter von dem Hauptgebäude abgesonderten Chore, war denn die eigentliche Kirche, mit Bänken und Stühlen, Kanzel und Altar versehen; an beiden Seiten waren die Sitze für die Chorherren, wie in unsern Domkirchen. Diese Kapelle schien recht dazu gebaut zu seyn, daß ein Bischof oder Dechant ja beim Predigen seine Stimme nicht zu sehr anstrengen dürfe.

Ich wurde nun auch auf die sogenannte Whispering-Gallerie geführt, welche unten am Ende der Kuppel in einem erstaunlichen Umkreise herum-

herum läuft. Ich mußte mich meinem Führer ganz auf der andern Seite der Gallerie gerade gegenüberstellen, so daß die ganze Breite der Kirche, oder der ganze Durchmesser dieses ungeheuren Cirkels zwischen uns war, und indem ich hier stand, schlug er die Thüre zu, welches vor meinen Ohren einen Knall, wie ein Donnerschlag, verursachte. Darauf mußte ich mein Ohr an die Wand legen, und ich hörte die Worte meines Führers: can you hear me? die er, in einer so weiten Entfernung von mir, leise gegen die Wand sprach), mit einem starken Getöse in meine Ohren schallen. Diese Verstärkung des Schalles in einer solchen Entfernung ist wirklich bewundernswürdig. Ich habe einmal etwas Aehnliches von Vergrößerung des Schalles in dem Rathskeller in Bremen bemerkt, welches aber hiergegen gar nicht in Betrachtung kömmt.

Nun stieg ich noch verschiedne Treppen hinauf auf die große Gallerie, welche auswendig um den großen Dohm läuft, und hier hielt ich mich beinahe an zwei Stunden auf, weil man sich an dem Anblick der mannichfaltigen Gegenstände fast nicht satt sehen kann.

G

Ich wandte mich von einer Seite, von einer Weltgegend zur andern, und studierte recht die Aussicht, um meiner Einbildungskraft ein immerwährendes Bild davon einzuprägen. Unter mir lagen in der Tiefe, Thürme, Häuser und Palläste, im dicksten Gedränge, und die Squares, mit ihren grünen Plätzen in der Mitte, machten dazwischen ein angenehmes Kolorit.

An dem einen Ende der Themse ragte der Tower, wie eine Stadt, mit einem Wald von Masten hinter ihm, und an dem andern die Westminsterabtei, mit ihren Thürmen, empor. Dort lächelten die grünen Hügel längst der Gegend von Paddington und Islington; hier lag Southwark am jenseitigen Ufer der Themse. Die Stadt war beinahe unübersehbar, denn wenn sie schon an sich aufhört, erstreckt sie sich doch fast immer noch in einzelnen Häusern an den Seiten der Heerstraße bis zu den benachbarten Plätzen fort.

Wie groß kam mir Berlin vor, als ich es zum erstenmal vom Marienthurm, und vom Tempelhoffschen Berge übersah: wie verschwindet es jetzt in meiner Vorstellung gegen London!

Doch, es ist vergeblich, eine solche Aussicht mit Worten auch nur im mindesten zu beschreiben, und nur einen Schatten dieses Eindrucks dadurch zu geben; wer eine Welt im Kleinen mit einem Blick überschauen will, der komme hieher und sehe!

Das Dach der Paulskirche selbst, mit ihren beiden kleinern Thürmen, liegt unter mir, wie der Rücken eines niedrigen Gebirgs, wenn man den Gipfel eines höhern erstiegen hat. Gern hätte ich noch länger hier verweilt, aber ein Sturmwind, der hier oben so stark wurde, daß man sich kaum dagegen erhalten konnte, trieb mich hinunter.

Obgleich die Paulskirche an sich sehr hoch ist, so trägt doch die Höhe des Platzes, worauf sie erbauet ist, zu ihrem hervorragen auch sehr viel bei.

Die Petrikirche in Berlin scheint ungeachtet der gänzlichen Verschiedenheit in der Bauart mit der Paulskirche in London einige Aehnlichkeit zu haben. Wenigstens ragt sie auch so mit ihrem großen schwarzen Dache unter den übrigen Gebäuden hervor.

Was ich sonst noch in der Paulskirche gesehen habe, ist ein hölzernes Modell von der Paulskirche, das vor ihrer Erbauung verfertigt seyn soll, und sich mit Vergnügen eine Weile betrachten läßt, wenn man das ungeheure Gebäude damit vergleicht.

Um den Hof der St. Paulskirche geht ein eisernes Geländer, und es däucht einem eine ziemliche Strecke zu seyn, wenn man es umgehen will. Der Platz umher ist aber nicht geräumig, und diese prächtige Kirche ist fast dicht umher mit Häusern umbaut.

Eine marmorne Bildsäule der Königinn Anna dient dem eingeschloßnen Platze vor der Kirche zur Zierde.

Auch ist die große Glocke in der St. Paulskirche eine Merkwürdigkeit, weil man sie unter die größesten in Europa mitzählt, und sie ihren Rang, wie ich glaube, nach der Wiener haben soll.

Alles, was ich in der Paulskirche gesehen habe, hat mir nicht mehr, als etwas über einen Schilling gekostet, den ich nach und nach in Pennys auch Halfpennys, nach einer bestimmten Taxe, für die Sehenswürdigkeiten bezahlen mußte.

Die Westminsterabtei.

An einem trüben melancholischen Tage, recht wie es eigentlich seyn muß, habe ich die Westminsterabtei besehen.

Ich gieng durch eine ziemlich kleine Thür hinein, welche mich sogleich in in the Poets Corner (den Poetenwinkel) führte, wo die Denkmäler und Büsten vorzüglicher Dichter, Künstler und Schriftsteller aufgestellt sind.

Nicht weit von der Thür erblickte ich gleich beim Eintritt, Schakespears Statue in Lebensgröße mit einem Kragen um den Hals u. s. w. nach der Gewohnheit seiner Zeit gekleidet, und in der Nähe desselben Garricks Denkmal.

Eine Stelle aus einem Schakespearschen Stück, der Sturm, worinn er auf eine feierliche und rührende Art, den Untergang aller Dinge schildert, ist hier sehr zweckmäßig angebracht.

Nicht weit von Schakespear ist auch Rowens Denkmal, daß er sich, wie einige Zeilen sagen, in dieser geliebten Nachbarschaft seines Schakespears gewünscht hatte.

In dieser Nachbarschaft sah ich auch des guten Goldsmiths Büste, dem man, sowie Buttlern, dessen Denkmahl in einiger Entfernung ist, bei seinem Leben kaum das nothdürftige Brod, nach seinem Tode aber einen Stein gewährte.

Ferner sieht man hier fast in einer Reihe die Denkmähler von Milton, Dryden, Gay und Thomson. Sehr rührend ist Gay's Grabschrift, die er sich selbst verfertigt haben soll,

> Life is a Jest and all Things shew it,
> I thought so once, but now I know it.

Unser Händel hat auch hier ein Monument, wo er in Lebensgröße vorgestellt ist.

Auch einer Schauspielerinn, Miß Pritchard, und einem Schauspieler Booth sind hier sehr ehrenvolle Monumente errichtet.

Newton hat ein sehr prächtiges Denkmal erhalten; es ist oben beim Eingange in das Chor, und diesem gerade gegenüber ganz unten in der Kirche ist wieder ein anderes errichtet, welches auf dieses erste hinweißt.

Als ich längst den Seitenwänden der Westminsterkirche hinunter ging, sah ich fast lauter in Marmor gehauene Denkmäler großer Admirale, die aber mit Pracht und Zierrathen viel zu sehr überhäuft waren, als daß sie hätten einen zweckmäßigen Eindruck machen sollen.

Am liebsten verfügte ich mich immer wieder in den Poets. Corner, wo ich die vortrefflichsten Köpfe aus verschiednen Zeitaltern, in vertraulicher Geselligkeit zusammen erblickte, und vorzüglich die edle und geschmackvolle Simplicität der Denkmäler auf das Gemüth einen erhabnen und rührenden Eindruck machte, indeß oft eine lebhafte Erinnerung an irgend eine Lieblingsstelle, aus den Werken eines Schakespear, oder Milton, in der Seele erwachte, welche mir die Geister dieser großen Todten herzuzaubern schien.

Von Addison und Pope habe ich keine Denkmäler hier gefunden. Die Gräber der Könige, und einige andre Merkwürdigkeiten in der Westminsterabtei habe ich noch nicht gesehen. Vielleicht geschiehet dieses, wenn ich von meiner Reise ins Land nach London wieder zurückkehre.

Zu dieser Reise habe ich jetzt schon alle Anstalt gemacht. Eine Specialcharte von England habe ich in der Tasche, nebst einem vortrefflichen Wegweiser, den mir Herr Pointer, der Englische sche Kaufmann, an den ich empfohlen bin, geliehen hat, unter d m Titel: A new and accurate Description of all the direct and principal Cross roads in Great Britain. Dieß Buch, hoffe ich, soll mir bei meinen Wanderungen gute Dienste leisten.

Ich war lange unschlüssig, wo ich meinen Weg hinnehmen sollte, ob nach der Insel Wight, oder dem Hafen Portsmouth, oder nach Darbyshire, welches wegen seiner vielen Naturmerkwürdigkeiten, und wegen seiner romantischen Gegenden berühmt ist: ich zog denn dieß letztere vor.

Bei Herrn Pointer lasse ich während meiner Abwesenheit meinen Koffer stehen, um kein Logie bezahlen zu dürfen, ohne darinn zu wohnen. Dieser Herr Pointer ist lange in Deutschland gewesen, und spricht sehr gut und gern Deutsch. Er ist ein sehr höflicher und gefälliger Mann, der auch Kenntnisse und Geschmack besitzt. Daher ist mir die Empfehlung an ihn, von den Herren Persent und Dörner in Hamburg, welchen ich von dem Herrn Geheimenrath von Taubenheim in Berlin empfohlen war, sehr zu statten gekommen.

Heute werde ich bis Richmond fahren, wohin die Postkutsche um zwei Uhr nicht weit von Newchurch, am Strande, abgeht. Vier Guineen, etwas Wäsche, mein Englischer Wegweiser, und eine Landcharte und Schreibtafel, nebst Miltons verlohrnen Paradiese, das ich bei mir gesteckt habe, sind meine ganze Equipage, und ich hoffe sehr leicht damit zu gehen. Doch, es schlägt schon halb zwei, und es ist Zeit, mich bei der Postkutsche einzufinden. Leben Sie wohl! Aus Richmond schreibe ich Ihnen wieder.

Richmond, den 21ſten Juni.

Geſtern Nachmittag bin ich denn zum erſtenmale in einer ſogenannten Stage oder Poſtkutſche gefahren. Dieſe Kutſchen ſind ſehr elegant, inwendig ausgeſchlagen, und zweiſitzig, für ſechs Perſonen eingerichtet, die ſich denn freilich, wenn die Zahl voll iſt, etwas einſchränken müſſen.

Bei dem weßen Hirſch, wo die Kutſche abfuhr, ſtieg zuerſt nur eine etwas ältliche Dame mit hinein; ſo wie wir aber weiter fuhren, ward ſie ganz und gar, größtentheils, mit Frauenzimmern, und nur noch einer Mannsperson, beſetzt. Die Geſpräche der Frauenzimmer unter einander, die ſich theils kannten, waren ziemlich fade und langweilig. Ich zog meinen Wegweiſer heraus, und ſahe nach, welchen Weg wir fuhren.

Ehe man weiß wie man aus London gekommen iſt, iſt man ſchon in Hammerſmith, Kenſington, u. ſ. w., weil die einzelnen Häuſer von London an beiden Seiten noch immer fortdauren, wenn die Stadt ſchon aufgehört hat; es ist beinahe so, als wenn man von Berlin nach Schöneberg fährt, obgleich in Ansehung der Aussicht, Häuser, und Straßen, ein himmelweiter Unterschied ist.

Es war ein schöner Tag, und die herrlichsten Aussichten von beiden Seiten, auf denen das Auge gern länger verweilt hätte, wenn unser Wagen nicht so neidisch vorbeigerollt wäre. Etwas sonderbar sah es mir aus, als ich einige Meilen von London, ein prächtiges weißes Haus in der Ferne, und an der Heerstraße wo wir fuhren, einen Handweiser erblickte, worauf die Worte standen; jenes große weiße Haus in der Ferne ist eine Boardingschool!

Der Mann, welcher mit im Wagen saß, zeigte uns die Landhäuser der Lords und Großen, vor welchen wir vorbeifuhren, und unterhielt uns mit allerlei Geschichten von Räubereien, die in dieser Gegend an Reisenden verübt worden waren, so daß dem Frauenzimmer anfing, etwas bange zu werden. Drauf fieng er an, die Ehre der Englischen Straßenräuber gegen die französischen zu retten: diese raubten doch nur, sagte er, aber jene mordeten zugleich.

Demohngeachtet giebt es in England eine Art Spitzbuben, welche ebenfalls morden, und das zwar oft um eine Kleinigkeit, die sie dem Ermordeten abnehmen. Diese heißen Footpads, und sind freilich die allerniedrigste Klasse von den Englischen Spitzbuben, unter denen eine gewisse Rangordnung herrscht.

Die vornehmste Klasse sind die Pickpockets oder Beutelschneider, die man allenthalben oft in den besten Gesellschaften findet, welche gemeiniglich sehr fein und sauber gekleidet sind, so daß man sie für Leute von Stande hält, welches sie denn auch zuweilen wirklich seyn mögen, indem sie durch unzählige Ausschweifungen in Dürftigkeit gerathen, und endlich sich genöthigt finden, zu diesem Mittel ihre Zuflucht zu nehmen.

Nach ihnen kommen die Highwaymen, oder Straßenräuber, die zu Pferde sitzen, und oft mit einer Pistole, die nicht geladen ist, die Reisenden in Schrecken setzen, um ihrer Börsen habhaft zu werden, welche aber auch zuweilen großmüthig einen Theil ihres Raubes wieder zurückgeben, und nicht leicht eine Mordthat begehen.

Dann kommt die dritte, und niedrigste aber auch schändlichste Klasse der Footpads, welche zu Fuße sind, und oft um ein Paar Schillinge willen, arme Leute, die ihnen in den Weg kommen, jämmerlich ermorden, wovon in den Englischen Zeitungen fast täglich traurige Beispiele zu lesen sind. Wahrscheinlich morden sie deswegen, weil sie nicht, so wie die Highwaymen mit ihren Pferden, die Flucht nehmen können, und man ihnen also leichter nachsetzen, und ihrer habhaft werden kann, wenn der Beraubte sie angeben sollte.

Doch wieder auf unsre Postkutsche zu kommen, muß ich erinnern, daß es noch eine sonderbare Art nicht in, sondern auf derselben zu fahren giebt. Es sitzen nehmlich Personen von niedrigem Stande, oder die nicht viel bezahlen können, anstatt inwendig, oben auf der Kutsche, ohne daß ein Geländer oder Sitze oben angebracht wären, sondern sie sitzen ganz frei, und lassen die Beine herunterhängen.

Dieß nennt man on the Outside (auf der Außenseite) fahren, wofür nur halb so viel bezahlt wird, als wenn man on the Inside (inwendig in der Kutsche) fährt. Wir hatten also sechs Passagier über unsern Köpfen, welche oft beim Auf- und Absteigen ein erschütterndes Geräusch über uns verursachten. Wer sich auf dieser Außenseite der Kutsche gehörig im Gleichgewicht erhalten kann, der sitzt da recht gut, und fährt im Sommer bei heitern Tagen, wegen der freien Aussicht, fast angenehmer, als inwendig, nur taugt die Gesellschaft gemeiniglich nicht viel, und der Staub ist ebenfalls beschwerlicher, als inwendig, wo man doch die Fenster nach Belieben zumachen kann.

Zu Kensington, wo wir anhielten, wollte ein Jude gern mitfahren, da aber inwendig kein Platz mehr war, so wollte er nicht an der Outside fahren, welches ihm mein Reisegefährte in der Kutsche sehr übel nahm, und sich gar nicht darüber zufrieden geben konnte, daß ein Jude sich schäme an der Outside zu sitzen, da er doch nichts weiter, als ein Jude wäre. Dieses Vorurtheil und Verachtung gegen die Juden habe ich überhaupt hier in England weit häufiger, als bei uns bemerkt.

Von den prächtigen Landhäusern und Lust=
schlössern, vor welchen wir nun vorbeifuhren,
konnte ich, aus den Fenstern unsrer Kutsche im=
mer nur stückweise und abgebrochen einen Pro=
spekt haben, welches mich wünschen ließ, bald
aus diesem rollenden Kerker befreit zu seyn.

Gegen Abend kamen wir denn auch in Rich=
mond an. In London hatte ich vor meiner Ab=
fahrt einen Schilling bezahlt, hier auch einen,
und also von London bis Richmond nicht mehr
als zwei Schilling.

Sobald ich in einem Gasthofe abgetreten
war, und ein Abendessen bestellt hatte, gieng
ich sogleich aus, um die Stadt und die Gegend
umher zu besehen.

Die Stadt sieht schon weit ländlicher, an=
genehmer und heitrer aus, wie London, und die
Häuser scheinen auch nicht so sehr vom Kohlen=
dampf geschwärzt zu seyn. Auch kam mir es hier
schon weit geselliger und wirthbarer vor. Die
Leute saßen auf Bänken vor den Thüren ihrer
Häuser, um der kühlen Abendluft zu genießen.
Auf einem schönen grünen Rasenplatze mitten in der
Stadt ergötzte sich eine große Anzahl Knaben und

auch erwachsene junge Leute mit Ballspielen. Auf den Straßen herrschte gegen das Geräusch von London eine angenehme ländliche Stille; und man athmete hier eine reinere und freiere Luft ein.

Nun gieng ich aus der Stadt, über eine Brücke, die über die Themse geht, und wo man allemal einen Penny bezahlen muß, so oft man hinüber und herüber geht. Die Brücke war sehr hoch und bogenförmig gebaut, und von ihr stieg ich sogleich in ein reizendes Thal, am Ufer der Themse, hinunter.

Es war Abend, die Sonne schoß ihre letzten Strahlen das Thal hinunter. Aber diesen Abend und dieses Thal werde ich nie vergessen! Dieß war in seiner Art der reinste Anblick der schönen Natur, den ich in meinem Leben gehabt habe. Was ich dabei empfand, wird kein Federstrich schildern können.

Tage und Stunden fingen mich an zu gereuen, die ich in London zugebracht hatte, und ich machte mir tausend Vorwürfe wegen meiner Unentschlossenheit, daß ich nicht schon längst jenen großen Kerker verlassen hatte, um mich in einem Paradiese zu verweilen.

Ja,

Ja, wie die Einbildungskraft sich nur ein Paradieß erschaffen will, dazu findet sie Stoff in diesen herrlichen Gegenden. Hier war es, wo Thomson und Pope die reizenden Bilder sammleten, woraus ihre unnachahmlichen Gemählde der schönen Natur zusammengesetzt sind.

Statt des wilden Geräusches in und um London, sahe ich in der Ferne wenige einzelne Familien, am Ufer der Themse Hand in Hand spazieren gehen. Alles athmete hier eine sanfte Stille, die mein Herz dem reinsten Genuß eröffnete.

Unter meinen Füßen das weiche Grün, das nur auf diesem Boden wächst, an der einen Seite ein Wald, den die Natur nicht schöner hervorbringen kann, und an der andern die Themse, mit ihrem jenseitigen Ufer, das sich wie ein Amphitheater empor hob, und seine hohen weißen Schlösser durch das dunkle Grün der Bäume in das Thal hinunter schimmern ließ.

O Richmond! Richmond! nie werde ich den Abend vergessen, wo du von deinen Hügeln so sanft auf mich herablächeltest, und mich allen Kummer vergessen ließest, da ich an dem blumig-

H

ten Ufer der Themse voll Entzückung auf und nieder gieng.

Wohl mir, daß ich jenem melancholischen Gemäuer noch zu rechter Zeit entflohen bin!

O ihr blühenden jugendlichen Wangen, ihr grünen Wiesen, und ihr Ströme, in diesem glückseligen Lande, wie habt ihr mich bezaubert! Allein dieß soll mich nicht abhalten, auf jene dürren, mit Sand bestäubten Fluren wieder zurückzukehren, wo mein Schicksal mir den Fleck meiner Thätigkeit angewiesen hat. Aber die Erinnerung an diese Scene soll mir noch manche heitre Stunde gewähren!

So dachte ich, liebster Freund, bei meinem einsamen Spaziergange, und wirklich ist der gestrige Abend einer der angenehmsten meines Lebens gewesen.

Ich nahm mir fest vor am Morgen früh aufzustehen, und diesen Spaziergang wieder zu besuchen. Jetzt dachte ich, habe ich diese sanften Ebnen nur im Mondschein dämmern sehen, wie werden sie blitzen im Morgenthau! Allein diese Hoffnung schlug mir fehl.

Und wie man sich denn gemeiniglich bei einem großen Vergnügen immer auf einen kleinen verdrießlichen Umstand gefaßt machen sollte, so ging es mir auch hier, da ich mich etwas verspätet, und indem ich nach Richmond zurückkehrte, den Nahmen und das Schild des Gasthofs vergessen hatte, in welchem ich eingekehrt war, so daß ich ihn erst mit vieler Mühe wiederfand, nachdem ich beinahe die ganze Stadt durchlaufen war.

Da ich zu Hause kam, erzählte ich von meinem Spaziergange, und man machte mir sehr viel Rühmens von der Aussicht von einem Hügel bei Richmond, der unter dem Nahmen Richmondhill bekannt ist, und eben der war, von welchem ich die weißen Häuser hatte in das Thal hinunter schimmern sehen. Von diesem Hügel nahm ich mir also vor, den künftigen Morgen die Sonne aufgehen zu sehen.

Die Frau im Hause zankte darauf noch mit dem Gesinde, worüber ich erst ziemlich spät einschlief, aber doch den Morgen um drei Uhr schon wieder aufgestanden war. Und nun fühlte ich sehr lebhaft den üblen Mißbrauch des späten

Aufstehens in England; denn weil kein Mensch wach war, so konnte ich nicht aus dem Hause kommen, und hatte drei Stundenlang bis um sechs Uhr die entsetzlichste Langeweile, weil ich meinen Zweck nicht erreichen konnte.

Um sechs Uhr eröffnete denn endlich ein Hausknecht die Thüre, und ich stieg nun Richmondhill hinauf. Zu meinem größten Mißvergnügen aber hatte sich seit einer Stunde der Himmel umzogen, und es war so trübe geworden, daß ich nicht die Hälfte von der herrlichsten Aussicht, die ich hier hatte, genießen konnte.

Oben auf dem Hügel ist eine Allee von Kastanienbäumen, unter welchen hin und wieder Kanapees zum Sitzen stehen. Hinter den Alleen ist eine Reihe sehr schöngebauter Landhäuser, die gewiß, wegen der reinen Luft, die man hier einathmet, einen gesunden Wohnsitz gewähren müssen.

Der Abhang des Hügels bis an die Themse hinunter ist grün bewachsen. Die Themse macht unten beinahe einen halben Cirkel, in welchem sie waldigte Ebnen, mit Wiesen und Lustschlössern, wie in ihren Busen einschließt. An der einen Seite sieht man die Stadt mit ihrer hohen Brücke, und an der andern liegt ein dunkler Wald.

In der Ferne schimmerten aus dem Grunde der Wiesen und Wälder allenthalben kleine Dörfer hervor, so daß diese Aussicht, ohngeachtet des trüben Wetters, noch immer eine der schönsten war, die ich in meinem Leben gehabt habe.

Aber wie kömmt es? gestern Abend waren meine Empfindungen weit lebhafter, und der Eindruck weit stärker und romantischer, da ich aus dem Thale diesen Hügel hinauf blickte, und mir da allerlei herrliches dachte, als heute Morgen, da ich von dem Hügel selbst das Thal überschaute, und nun wußte, was da war.

Jetzt habe ich mein Frühstück verzehrt, ergreife meinen Stab, und werde nun zu Fuße meine Reise antreten. Aus Windsor sollen Sie mehr von mir hören!

Windsor, den 13ten Juni.

Jetzt, lieber Freund, da ich von hier an Sie schreibe, habe ich schon so manches Ungemach als Fußgänger erfahren, daß ich beinahe unschlüssig bin, ob ich meine Reise so fortsetzen soll oder nicht.

Ein Fußgänger scheint hier ein Wunderthier zu seyn, das von jedermann, der ihm begegnet, angestaunt, bedauert, in Verdacht gehalten und geflohen wird, wenigstens ist es mir auf meinem Wege von Richmond bis Windsor so gegangen.

Mein Wirth in Richmond konnte sich gestern Morgen schon nicht genug verwundern, daß ich es wagen wollte, bis Oxford und noch weiter zu Fuß zu gehen. Doch gab er mir seinen Sohn, einen kleinen Knaben mit, der mich auf den Weg nach Windsor bringen mußte.

Zuerst ging ich einen sehr angenehmen Fußsteig längst dem Ufer der Themse hinauf, wo dicht neben mir zur rechten Seite des Königs Garten lag. Am jenseitigen Ufer der Themse lag Isleworth, ein Flecken, der sich aber durch

einige Landhäuser und Gärten vortreflich aus:
nahm. Hier mußte ich mich in einem Kahn
übersetzen lassen, um auf Orford road, oder die
Straße nach Orford zu kommen, welche zu:
gleich nach Windsor führt.

Als ich über die Themse war, kam ich an
ein Haus, wo ich einen Mann, der vor der
Thür stand, fragte, ob ich auf dem rechten We:
ge nach Orford sey? Yes. but you want a Car-
riage, to bring you there, (ja, aber ihr braucht
ein Fuhrwerk, um euch hinzubringen) sagte er:
als ich ihm antwortete, ich würde zu Fuße hin:
gehen, sahe er mich bedeutend an, schüttelte den
Kopf, und ging ins Haus hinein.

Ich war nun auf Orfordroad, einem sehr
breiten und schönen Wege, wo mir viele Fuhr:
werke und Postkutschen begegneten, die denn
doch zuweilen, wegen der Hitze einen etwas be:
schwerlichen Staub verursachten. Die schönen
grünen Hecken, welche die Landstraßen in Eng:
land einzäunen, tragen sehr viel zur Annehm:
lichkeit derselben bei, welches auch hier der Fall
war, und wenn ich müde war, setzte ich mich
zuweilen in den Schatten einer solchen Hecke

H 4

und las im Milton. Allein es ward mir bald beschwerlich, daß mich die Vorbeireitenden und Fahrenden immer mit einer solchen Verwunderung angafften, und solche bedeutende Minen machten, als ob sie mich für einen Verrückten hielten, so sonderbar mußte es ihnen vorkommen, einen Menschen an der öffentlichen Landstraße sitzen, und in einem Buche lesen zu sehen. Ich sah mich daher genöthigt, wenn ich mich ausruhen und lesen wollte, mir irgendwo ein einsames Plätzchen auf einem Seitenwege von der Heerstraße aufzusuchen.

Ging ich wieder, so rief mir jeder vorbeifahrende Kutscher zu, ob ich nicht auf der Outside der Postkutsche mitfahren wolle; wenn mir nur ein Bauer zu Pferde begegnete, so sagte er mitleidsvoll, warm walking Sir! (Es ist sehr warm zu gehen, mein Herr) und wenn ich durch ein Dorf kam bezeigte jedes alte Weib, ihr Bedauren, durch ein God almighty!

Bis Hounslow war der Weg sehr angenehm. Nachher ward er etwas schlechter, und gieng über eine Heide, die sich ziemlich weit erstreckte, auf welcher ich aber doch hin und wieder Schafe weiden sahe.

Als ich etwas müde geworden war, fand ich auf einmal zu meiner Verwunderung mitten in der Heide einen Baum, der ganz einsam da stand, und einen Schatten, wie eine Laube um sich her verbreitete: unten war rund um den Stamm eine Bank zum Sitzen angebracht. Ich ruhte in dem Schatten dieses Baumes aus, las eine Weile im Milton, und schrieb in meine Schreibtafel, daß ich dieses Baums, der den müden Wanderer so wohlthätig in seinen wirthbaren Schatten aufgenommen habe, gedenken wolle, welches ich nun gethan habe.

Die Englischen kleinen Meilen sind vortreflich zu gehen; man freut sich doch, so oft man eine Meile, in so kurzer Zeit zurückgelegt hat, ob es gleich nur eine Täuschung ist. Wenn ich einen ordentlichen Schritt gehe, lege ich in zwei Stunden sechs Englische Meilen zurück; und man kann auch beinahe so viel auf eine deutsche Meile rechnen, wenn man insbesondre die Güte der Wege mit in Anschlag bringt. Nun verursacht es einem aber eine angenehme Täuschung, wenn man sieht, daß man in ein Paar Stunden zwölf Meilen gegangen ist.

Ich mochte ohngefähr siebzehn Meilen von London seyn, als ich an einen Gasthof kam, wo ich für ein wenig Wasser und Wein einen halben Schilling bezahlen mußte. Ein Engländer, der neben dem Wirth saß, erkannte mich für einen Deutschen, der folglich aus dem Vaterlande seiner Königinn sey, die er mit vielen Lobsprüchen rühmte, und hinzusetzte, eine solche Königinn habe England noch nicht gehabt, und werde auch nicht leicht eine solche wieder bekommen.

Es fieng nun an heiß zu werden. Ich fand zur linken Seite nicht weit von der Heerstraße einen klaren Bach, und nachdem ich mich darinn gebadet hatte, setzte ich meinen Weg weiter fort.

Die Heide hatte sich verlohren, und es eröffnete sich wieder eine paradiesische Gegend vor mir bis nach S l o u g h, das zwanzig und eine halbe Meile von London, auf dem Wege nach Oxford, liegt, und wovon zur linken Seite eine Straße nach Windsor geht, dessen hohes weißes Kastell man schon in der Ferne sieht.

Ich hielt mich hier nicht auf, sondern ging gleich rechter Hand, in einer sehr angenehmen Heerstraße, zwischen Wiesen und grünen Hekken, nach Windsor zu, wo ich denn um Mittag ankam.

Es ist einem Fremden sehr auffallend, wenn man durch die Englischen Städte kömmt, und nichts von dem bemerkt, wodurch sich die Städte in Deutschland von den Dörfern unterscheiden, weder Mauern noch Thore, noch sonst etwas dergleichen. Keinen laurenden Visitator, keine drohende Schildwache wird man gewahr; sonder frei und ungehindert geht man durch Flecken und Städte, wie durch die große offne Natur.

Dicht vor Windsor liegt Eaton College, eine berühmte öffentliche Erziehungsanstalt oder Gymnasium, deren es, wie ich schon bemerkt habe, in England nur wenige giebt. Es lag mir zur linken Seite, und zur Rechten, gerade gegenüber war ein Gasthof, in welchen ich einkehrte.

Jetzt mußte gerade eine Erhohlungstunde für die jungen Leute seyn, welche auf dem Hofe vor dem Kollegio, der mit einer niedrigen Mauer umgeben war, in großer Menge auf und niedergingen.

Sehr auffallend, war mir ihre Tracht, denn sie trugen alle, vom größten bis zum kleinsten, schwarze Mäntel oder Chorröcke, wodurch sie die Aerme stecken konnten, über ihre farbigten Kleider, nebst einem viereckigten mit Sammt überzognen Hut, wie bei uns an manchen Orten die Prediger tragen.

Sie beschäftigten sich auf allerlei Art mit Unterreden, Spazierengehen, und einige hatten auch ihre Bücher in der Hand und lasen. Doch ich mußte mich bald ihren Augen entziehen, so staunten sie mich an, da ich ganz bestäubt mit meinem Stabe gewandert kam.

Als ich nun in den Gasthof trat, und zu Essen forderte, prophezeite mir das Angesicht des Aufwärters sogleich eine sehr unfreundliche Aufnahme. Man gab mir alles mit Murren und Verachtung, wie einem Bettler, und ließ mich es doch wie einen Gentleman bezahlen. Ich glaube, es war dem Kerl nicht gelegen, daß er mir, als einem so erbärmlichen Menschen, der zu Fuße ginge, aufwarten sollte. Ich war müde und forderte ein Zimmer zum schlafen, und man wieß mich mich in eines, das einem Gefängniß für Missethäter ziemlich ähnlich sahe. Ich forderte auf die Nacht ein besseres Zimmer, und bekam zur Antwort, daß man gar nicht gesonnen sey, mich die Nacht zu beherbergen, weil keine Gelegenheit dazu wäre, ich möchte nur nach Slough wieder zurückgehen, da würde ich wohl ein Nachtlager bekommen.

Daß ich mich mit meinem Gelde in der Tasche so mußte behandeln lassen, bloß weil ich zu Fuße gieng, brachte mich denn doch etwas auf. Ich mußte für mein Mittagsessen und Kaffee zwei Schillinge bezahlen, die ich hinwarf, und schon den Staub von meinen Füßen schütteln wollte, um diesen unwirthbaren, unfreundlichen Ort zu verlassen, als die grünen Hügel von Windsor, mir so freundlich zulächelten, und mich einzuladen schienen, sie erst zu besuchen, und der Unfreundlichkeit der Menschen zu vergessen.

Ich stieg nun durch die Straßen von Windsor einen Hügel hinauf, und ein steiler Weg führte mich endlich ganz auf den Gipfel desselben, bis dicht an die Mauer des Kastells, wo ich auf einmal eine so weite, schöne, herzerhebende Aussicht vor mir hatte, daß ich in dem Augenblick jeden Gedanken an Beleidigung und Unrecht von Menschen vergaß. Denn hier lag nun die ganze reiche, üppige Natur, eine der schönsten Landschaften in der Welt, der herrlichste Stoff, den Popens Muse wählte, zu meinen Füßen, und vor meinen Blicken majestätisch ausgebreitet. Was hätt' ich in dem Augenblick mehr wünschen können!

Und das ehrwürdige Kastell, dieß Königliche Gebäude, woran alles das Gepräge des grauen Alterthums trägt, lächelte durch seine grünen Bäume, wie die frohe Stirn des Greises, den die Freude verjüngt hat.

Nichts hat mir mehr Ehrfurcht eingeflößt, als die uralte St. Georgenkirche, die im Heruntergehen vom Kastell zur rechten Seite liegt, und bei deren Anblick mir die verfloßnen Jahrhunderte, wieder emporzusteigen scheinen.

Aber keine Merkwürdigkeiten will ich mehr sehen, die mir ein fühlloser Miethling zeigt, der seine Lektion auswendig gelernt hat, und sie hundertmal des Tages mit Widerwillen hersagt. Der widrige Kerl, welcher mich für einen Schilling in der Kirche herumführte, hätte mir durch sein Geplapper beinahe den schönsten Eindruck verdorben. Heinrich der Achte, Karl der Erste, und Eduard der Vierte liegen hier begraben. Die Kirche hat inwendig sowohl als auswendig ein äusserst melancholisches Ansehen.

An dem Königlichen Pallaste wurde gebauet, und eine Menge Steine dazu herbeigeschaft, womit eine große Anzahl Arbeiter beschäftiget waren.

Ich ging nun in dem herrlichen Windsor Park, einen sanften Abhang hinunter, wo er sich mit seinem immer zunehmenden Dunkel von allen Seiten wie ein Tempel eröffnete. Dieses Wald übertrift gewiß an Schönheit alles, was man sich nur von der Art vorstellen kann. Dazu kam die Einsamkeit, die Kühle der Abendluft, und eine sanfte Musik, die in der Ferne vom Schlosse herunterschallte. Ich war wie in einer

Art von angenehmer Bezauberung, und hielt mich für alle Beschwerden des Tages tausendfach belohnt.

Ich kehrte nun aus dem Walde zurück, die Glocke schlug sechs, und die Arbeiter gingen zu Hause.

Noch habe ich den großen runden Thurm, ebenfalls ein uraltes Gebäude bei dem Königlichen Schlosse, vergessen. Die auswendigen Aufgänge auf denselben, sind mit grünem Gebüsch bepflanzt, welches gegen das Alterthum des Gemäuers einen sehr angenehmen Kontrast macht. Ganz oben auf dem Gipfel desselben war die Fahne von Großbrittannien ausgesteckt, die aber späte gegen Abend wieder eingezogen wurde.

Als ich vom Schloß hinunter ging, sahe ich den König in einem simpeln Wagen hinauffahren. Man war hier höflicher, wie man in London zu seyn pflegt, denn jedermann zog doch, als er vorbeifuhr, den Hut vor ihm ab.

Ich kam nun wieder in die Stadt, und befand mich nicht weit vom Schlosse, vor einem sehr ansehnlichen Gasthöfe, wo ich Officiere und

und viele andre Leute vom Stande hineingehen sahe, und hier ward ich, wider alles Vermuthen, von dem Wirth, der ebenfalls eine vornehme Figur spielte, ohne Schwierigkeit aufgenommen, da man mich aus jenem weit schlechtern Gasthofe, bei Eaton Kollege, so unfreundlich weggewiesen hatte.

Allein, es schien einmal mein Schicksal zu seyn, daß ich den Aufwärtern ein Anstoß und ein Dorn im Auge war. Mit Murren wieß mir die Magd ein Zimmer an, wo ich meinen Anzug ein wenig in Ordnung bringen konnte, und nun ging ich wieder hinunter, in den großen Saal (Coffee Room) der gleich beim Eingange im Hause ist, wo ich dem Wirth sagte, daß ich noch einen kleinen Spaziergang vornehmen wollte; er beschrieb mir darauf, wie ich gleich hinter seinem Hause auf ein sehr angenehmes Feld, und über dasselbe ans Ufer der Themse kommen könne, daselbst würde ich einen sehr schönen Badeplatz antreffen.

Ich folgte seinem Rathe, und dieser Abend war beinahe noch schöner, als der vorhergehende in Richmond. Die Themse fand ich hier in ih-

J

ren sanften Krümmungen wieder; Windsor schimmerte fast noch schöner ins grüne Thal hinunter, wie die Häuser von Richmondhill, und das Grün der Wiese war eben so zart und weich. Das Feld nach der Themse zu war etwas schräg und abschüssig. Ich setzte mich an ein Gesträuch und erwartete den Untergang der Sonne. In der Ferne sah ich eine große Anzahl Leute, die sich in der Themse badeten. Als sie sich nach Sonnenuntergang etwas zerstreuet hatten, näherte ich mich dem Ufer der Themse, und tauchte mich hier zum erstenmale in ihre kühlen Fluthen. Das Ufer war ziemlich abschüssig, aber es war eine Treppe in den Fluß hinunter, gebaut, welche für die Badenden, die nicht schwimmen können, äusserst bequem ist. Es kamen noch ein Paar blühende muntre Handwerksjungen von der Stadt hergelaufen, die in der größten Geschwindigkeit ihre Kleider und Schurzfelle abgeworfen hatten, und sich sogleich über Kopf ins Wasser stürzten, wo sie mit ihren nervigten Armen die Fluth durchschnitten, bis sie müde waren. Sie riethen mir sehr zutraulich, mein

Haar erst loszubinden, und mich dann, wie sie, mit dem Kopfe hineinzutauchen.

Erfrischt und gestärkt durch das kühle Bad, machte ich noch einen Spaziergang im Mondschein längst dem Ufer der Themse hin; zu meiner Linken die Thürme von Windsor, vor mir ein kleines Dorf, mit einem Thurm, dessen Spitze aus den grünen Bäumen hervorragte; in der Ferne ein Paar reizende Hügel, die ich mir am künftigen Morgen zu besteigen vornahm, um mich das grüne Waizenfeld; o wie unbeschreiblich schön war dieser Abend und dieser Spaziergang! Und in der Ferne konnte ich zwischen den Häusern den Gasthof sehen, wo ich wohnte. Ich hatte also gleichsam eine Heimath, wohin ich zurückkehren konnte, und es war mir, als ob ich hier zu Hause wäre, und immer hier bleiben müßte.

Wie bald verflogen diese süßen und angenehmen Träume, als ich zu Hause kam, und von den Aufwärtern, die sich vielleicht ein schlechtes Trinkgeld von mir versprachen, wieder mit scheelem Blick empfangen wurde. Und wie groß war mein Erstaunen, da eben die mürrische Magd, welche mir ein Zimmer anwies, unten in die Stube trat, und mir mit einem Knix und spöttischem Wesen sagte: ich möchte mich nur nach einem andern Logis umsehen, denn hier könne ich die Nacht nicht bleiben, weil das Zimmer, das sie mir aus Versehen angewiesen habe, schon besetzt gewesen sey. Ich protestirte natürlicher Weise dagegen, bis endlich der Wirth dazu kam, auf den ich mich berief, und der mir sogleich ein Zimmer anweisen ließ, worauf ich aber selbander schlafen mußte. So wäre ich also hier in Windsor beinahe zum zweitenmal ausgestoßen worden.

Nun war gerade unter meinem Schlafzimmer ein Trinkgelag, daß der Boden zitterte. Es wurden Trinklieder gesungen, worinn ähnliche Stellen mit den unsrigen vorkamen, so viel ich verstehen konnte. Die Gesellschaft bestand, wie ich vorhergesehen hatte, aus lauter Officieren. Kaum war ich bei diesem Lerm und Geräusch ein wenig eingeschlafen, so kam mein Schlafkamerad, vermuthlich einer aus der saubern Trinkgesellschaft, in die Stube und an mein Bette getaumelt, bis er endlich mit vieler

Mühe das seinige fand, und sich, so wie er war, mit Stiefeln und Kleidern hineinwarf.

Heute Morgen stand ich denn sehr früh auf, um, wie ich mir vorgenommen hatte, die beiden Hügel zu besteigen, welche mir gestern einen so reizenden Prospekt gaben, besonders der eine, auf dessen Gipfel ein hohes weißes Haus zwischen den dunkelgrünen Bäumen hervorragte. Der andre lag gleich darneben.

Ich fand keinen ordentlichen Weg, der zu diesem Hügel führte, ging also grade zu, ohne mich an eine Straße zu kehren, immer meiner einmal genommenen Richtung nach. Freilich war dieß etwas mühsam, ich hatte oft einen Zaun oder Sumpf zu umgehen, endlich aber langte ich doch am Fuße des sehnlich gewünschten Hügels mit dem hohen weißen Hause an, und als ich im Begriff war, hinauf zusteigen, und mich schon auf die Aussicht von dem weißen Hause freute, las ich an einer aufgestellten Tafel die Worte: Take Care! Steeltraps and Springguns are laid here. (Nehmt euch in Acht, hier liegen Fußangeln!). Meine Mühe war also vergebens, und ich ging nun nach dem andern Hügel, aber auch hier waren Steeltraps und Springguns für den Wandrer gelegt, der auf dieser Anhöhe den schönen Morgen genießen wollte.

So kehrte ich, in meiner Hoffnung getäuscht, in die Stadt zurück, beinahe eben so, wie gestern Morgen, von Richmondhill, da mir ebenfalls mein Wunsch vereitelt war.

Da ich zu Hause kam, erhielt ich von der mürrischen Magd die schöne Bewillkommnung, daß ich nun schlechterdings keine Nacht mehr hier logiren könne, welches aber auch mein Wille nicht war. Jetzt schreibe ich Ihnen unten im Coffee room, wo ein Paar Deutsche neben mir sprechen, die gewiß glauben, daß ich sie nicht verstehe, da ich mich also zu erkennen gebe, daß ich ein Deutscher sey, würdigen mich die Kerls nicht mit mir zu reden, weil ich ein Fußgänger bin. — Ich glaube es sind Hannoveraner! — Das Wetter ist so schön, daß ich ohngeachtet der kleinen Unbequemlichkeiten, denen ich ausgesetzt gewesen bin, dennoch meine Reise zu Fuße fortsetzen werde.

Oxford, den 25sten Juni.

Was für sonderbaren Schicksalen und Abentheuern ist doch ein Fußgänger in diesem Lande der Pferde und Karossen ausgesetzt! Doch ich will nur gleich meine Erzählung von vorne anfangen.

In Windsor mußte ich für ein altes Huhn, daß ich den Abend verzehrte, für ein Schlafzimmer, daß man mir mit Murren gab, und wo ich noch dazu von einem besoffenen Kerl beunruhigt wurde, und für ein Paar Tassen Thee zum Frühstück, neun Schillinge bezahlen, worunter denn das Huhn allein sechs Schillinge gerechnet ward.

Als ich nun weggehen wollte, stand der Aufwärter, welcher mich mit Unwillen und Murren bedient hatte, an der Treppe, und sagte: remember de Waiter! (bedenkt den Aufwärter!) Ich gab ihm drei Halfpenny's, wogegen er mir ein herzhaftes: God damn you Sir! nachschickte. An der Thüre stand die mürrische Magd, und sagte: remember the Chambermaid! — J'ill remember your Civility (ich werde mich an eure Höflichkelt erinnern!) sagt' ich, und gab ihr nichts, worüber sie ihren Aerger in einem lauten Hohngelächter erstickte. Es folgten mir also im eigentlichen Verstande Flüche und Hohngelächter nach, da ich aus Windsor gieng.

Wie froh war ich nun, da ich die Thürme von Windsor wieder im Rücken hatte! Es ist nicht gut seyn für den Wandrer nahe bei den Pallästen der Könige, dacht' ich, und lagerte mich im Schatten einer grünen Hecke, wo ich in meinem Milton las, und die Herrlichkeit der schönen Natur um mich her empfand.

Ich nahm meinen Weg wieder durch Slough über Salthill nach Maidenhead. In Salthill, welches doch nur ein Dorf ist, hatte ganz am Ende ein Perukenmacher seine Bude, worinn er zugleich balbirte und frisirte. Dafür daß er mein Haar ein wenig in Ordnung brachte, und mich rassirte, mußte ich ihm einen Schilling bezahlen. Dieser Bude gegenüber war ein sehr elegantes Haus und Garten.

Zwischen Salthill und Maidenhead begegnete mir das erste Abentheuer auf meiner Wanderung.

Mir war bis jetzt noch fast kein einziger Fußgänger begegnet, hingegen rollten beständig eine große Menge Kutschen vor mir vorüber, weil auf der Straße von Oxford eine starke Passage ist, auch begegneten mir häufig Personen zu Pferde, welches hier auch eine sehr gewöhnliche Art zu reisen ist.

Mein Weg führte mich in einem ziemlich tiefen Grunde zwischen hohen Bäumen hin, so daß ich nicht weit vorwarts sehen konnte, als mir ein Kerl in einem braunen Frak und runden Hute, mit einem Stabe in der Hand entgegen kam, der um ein gut Theil stärker als der meinige war. Seine Physiognomie kam mir gleich etwas verdächtig vor. Er ging aber vor mir vorbei. Allein ehe ich's mir versah kehrte er wieder um, und verlangte von mir weiter nichts, als einen Halfpenny, wofür er sich wolle etwas Bier geben lassen, weil er noch nüchtern sey. Ich griff in die Tasche, und fand, daß ich gar keine Kupfermünze und nicht einmal Sixpences, sondern lauter Schillinge hatte. Als ich mich damit entschuldigte, sagte er mit einer so hämischen Mine, God bless my soul!

und machte mich auf den faustdicken Griff an seinem Wanderstabe so aufmerksam, daß ich sogleich in die Tasche griff, und ihm mit der fröhlichsten Mine einen Schilling gab. Indem kam eine Kutsche gefahren. Er bedankte sich sehr höflich bei mir, und ging fort. Wäre die Kutsche einen Augenblick eher gekommen, so würde ich ihm den Schilling, den ich gar nicht überflüssig hatte, schwerlich gegeben haben. Ob dieß nun ein Footpad war, will ich nicht entscheiden, alles mögliche Ansehn hatte er dazu.

Ich kam nun auf Maidenheadbridge oder die Brücke von Maidenhead, welches 25 Englische Meilen von London ist.

Die Englischen Meilenzeiger sind für den Reisenden eine große Annehmlichkeit und Bequemlichkeit. Mir haben sie oft die Hälfte des Weges erleichtert, weil ich immer gewiß wußte, wie weit ich gekommen war, und daß ich auf dem rechten Wege sey. Denn auf diesen Meilenzeigern sind allemal sowohl die Entfernungen von London, als bis zum nächstliegenden Orte bezeichnet, und wo Scheidewege sind, ist immer noch besonders ein Handweiser angebracht, so daß es hier fast unmöglich ist, sich im Gehen zu verirren. Ich muß gestehen, daß meine Reise fast ein beständiger Spaziergang war.

Von der Brücke vor Maidenhead ist eine vortreffliche Aussicht auf einen Hügel der sich rechts längst dem Ufer der Themse hin erstreckt, und auf welchem zwei prächtige Landsitze mit Wiesen und Parks befindlich sind. Der erste heißt Taplow und gehört dem Grafen von Inchiquin, und ein wenig weiter in der Ferne liegt Cliefden, welches ihm ebenfalls zugehört. Die Schlösser schimmern mit grünen Wiesen umgeben aus dem dicken Gehölz hervor, und geben einen reizenden Anblick.

Von dieser Brücke hat man nicht weit bis Maidenhead, und beim Eingange in daßelbe zur linken Seite, wiederum die Aussicht auf einen schönen Landsitz, wovon ein gewisser Pennyston Powney Esq. Besitzer ist.

Diese Nachrichten schöpfe ich größtentheils aus meinem Englischen Wegweiser, den ich fast beständig in der Hand habe, und worinn fast alles Merkwürdige von Meile zu Meile angezeigt ist. Ich lasse mir von den Leuten, bei denen ich einkehre, die Wahrheit der Nachrichten bestätigen, und diese wundern sich denn, wie ich als ein Fremder, mit ihrer Gegend so genau bekannt bin.

Maidenhead selber ist ein unansehnlicher Ort: für eine Bierkalteschale, die ich mir hier machen ließ, mußte ich doch neun Pence bezahlen. Man schien mich auch hier nicht für voll anzusehen. A lusty Comrade! hört' ich im Vorbeigehen von mir sagen, und das klang denn freilich nicht sehr ehrenvoll, wenn es eben so viel heißen sollte, als wie man bei uns zu sagen pflegt: das mag mir wohl ein lustiger Kamrad, oder ein lustiger Passagier seyn!

Am Ende des Dorfs hatte ein Schuhmacher seinen Laden, so wie am Ende von Salthill ein Friseur wohnte.

Von hier gings nun auf Henley zu, daß noch eilf Meilen von Maidenhead, und 36 Meilen von London entfernt ist.

Als ich ziemlich scharf sechs englische Meilen nach einander gegangen, und also nur noch fünf Meilen von Henley war, kam ich auf eine Anhöhe, wo grade ein Meilenzeiger stand, bei dem ich mich niedersetzte, um eine der herrlichsten Aussichten zu genießen, zu deren Betrachtung ich einen jeden rathen will, der etwa einmal auf diesen Fleck kommen sollte.

Vor mir in der Nähe ein sanfter Hügel voll grüner Waizenfelder mit lebendigen Hecken eingezäunt, und oben von einem Walde umkränzt.

Und nun in der Ferne in einem großen halben Cirkel um mich her ein grüner Hügel an den andern, die sich vom Ufer der Themse sanft in die Höhe erhoben, und auf denen sich Wälder, Wiesen, Aecker und Dörfer mannichfaltig durchkreuzten, indeß zu ihren Füßen die Themse sich zwischen Dörfern und einzelnen Häusern, und grünen Thälern, in reizenden Krümmungen hinschlängelte.

Die Ufer der Themse sind beständig schön und reizend; wie süß ist mir ihr Anblick, wenn ich sie oft, nach einer kleinen Entfernung, wo ich sie aus den Augen verlohren habe, plötzlich mit allen ihren grünen Ufern wieder sehe!

Unten im Thale weideten Heerden, und die Glocken schallten den Hügel herauf.

Und was eine solche Englische Gegend so bezaubernd schön macht, ist, daß alles übereinstimmt einen rührenden Anblick zu gewähren, daß man keinen Fleck sieht, auf dem das Auge nicht gern ruhen möchte. Die mittelmäßigste Gegend von denen, die ich nun in England gesehen habe, würde in der unsrigen schon ein Paradies ausmachen.

Durch diese belohnende Aussicht gleichsam zum neuen Gange gestärkt, gings nun im scharfen Schritt Berg auf Berg ab, die übrigen fünf Meilen bis Henley, wo ich den Nachmittag ohngefehr um vier Uhr ankam.

Zur linken Seite dicht vor Henley, an dem diesseitigen Ufer der Themse liegt auf einem Hügel ein schöner Park und Landsitz, den jetzt der General Conway bewohnet.

Ehe ich in Henley hinein gieng, spazierte ich noch ein wenig am Ufer der Themse hinunter, und setzte mich im hohen Grase nieder, indeß am andern Ufer der Park auf dem Hügel vor mir lag: weil ich etwas müde war, schlief ich hier ein, und als ich wieder aufwachte, schienen mir gerade noch die letzten Strahlen der untergehenden Sonne ins Gesicht.

Geſtärkt von dieſem ſüßen Schlummer ging ich weiter fort, und in die Stadt hinein, wo es mir aber viel zu vornehm ausſahe, als daß ich meiner gemachten Erfahrung zu folge, hätte da bleiben ſollen, vielmehr entſchloß ich mich in einem Gaſthofe by the Roadſide (an der Heerſtraße,) welche der Vikar von Wakefield the uſual Retreat of Indigence and frugality (die gewöhnliche Zuflucht der Armuth oder Sparſamkeit) nennt, einzukehren.

Allein das ſchlimmſte war, daß mich niemand ſelbſt einmal in einen ſolchen Zufluchtsort aufnehmen wollte. Es begegneten mir auf dieſem Wege doch ein Paar Bauren. Ich fragte den erſten, ob ich in einem Hauſe an der Heerſtraße, das ich von ferne ſahe, wohl die Nacht Herberge finden würde? I dare ſay you may! war ſeine Antwort. Allein, als ich hinkam hieß es: we have got no Beds, and you can't ſtay here to night! (Wir haben keine Betten, und ihr könnt die Nacht nicht hier bleiben), eben ſo hieß es auch in dem folgenden Hauſe, das ich an der Heerſtraße traf. Ich mußte mich alſo entſchließen, noch fünf Meilen bis Nettlebed zu gehen, wo ich denn etwas spåt am Abend, da es schon völlig dunkel war, ankam.

Es ging in diesem Dörfchen noch recht munter zu, indem einige beurlaubte Soldaten auf ihre eigene Hand musicierten. Gleich beim Eingange in das Dorf war das erste Haus zur linken Seite ein Gasthof, wovon ein Queerbalken bis zu dem gegenüberstehenden Hause gelegt war, an welchem ein erstaunlich großes Schild mit dem Nahmen des Eigenthümers hieng.

May I stay here to night? war meine erste Frage, da ich in das Haus trat, und ein kaltes: yes you may! war die Antwort darauf, worüber ich doch sehr froh war.

Man wieß mich in die Küche, und gab mir an einem Tische mit den Soldaten und Hausknechten zu essen. Ich befand mich also nun zum erstenmal in einer solchen Küche, die in den Englischen Romanen des Fielding so oft vorkommen, und worinn sich gemeiniglich die meisten Abentheuer zutragen.

Das Kamin in dieser Küche, wo gekocht und gebraten wurde war mit einem hölzernen

Ver-

Verschlage eingefaßt, und das übrige wurde wie ein Wohn= und Speisezimmer gebraucht. Rund herum an den Seiten waren Börte mit zinnernen Schüsseln und Tellern besetzt, und die Decke hing voller Viktualien, als Zuckerhüte, Würste, Speckseiten und dergleichen.

Während daß ich aß, kam eine Postchaise angefahren, und sogleich wurden beide Thürflügel eröffnet, und das ganze Haus in Bewegung gesetzt, um nur diese vornehmen Gäste gehörig zu empfangen. Die Herrn stiegen aber nur einen Augenblick aus, und verzehrten nichts als ein Paar Krüge Bier, worauf sie wieder fortfuhren. Man begegnete Ihnen mit allem möglichen Respekt, denn sie kamen in einer Postchaise gefahren.

Ohngeachtet dieß nur ein kleines Dorf war, und man mich gewiß für keinen vornehmen Gast hielt, wieß man mir hier doch ein tapeziertes Schlafzimmer mit sehr guten Betten an.

Am folgenden Morgen zog ich reine Wäsche an, die ich bei mir trug, und putzte mich, so gut ich konnte, heraus, und als ich nun herunter kam, wieß man mich nicht, wie den Abend

K

vorher, in die Küche, sondern in das Parlour oder Fremdenzimmer, unten an der Erde; auch hieß ich wieder Sir, da ich den Abend vorher nur Master titulirt wurde, mit welcher letztern Benennung man eigentlich nur Bauern und ganz gemeine Leute anredet.

Es war Sonntag, und alles im Hause hatte sich schon festlich angeputzt. Es fing mir an in diesem Dorfe ausserordentlich zu gefallen, und ich nahm mir vor, diesen Morgen dem Gottesdienste mit beizuwohnen. Zu dem Ende lieh ich mir von meinem Wirth dem Herrn Illing, dieß war sein Nahme, der mir auffiel, weil er auch in Deutschland sehr gebräuchlich ist, ein Prayerboock (Gebetbuch), worinn ich beim Frühstück für mich blätterte, und verschiednes von der Englischen Liturgie darinn las. Auffallend war es mir, daß den Priestern alle Worte vorgeschrieben sind, deren sie sich bedienen müssen, wenn sie einen Kranken besuchen, wo sie z. B. anheben müssen: Place dwell in this House! (Friede sey mit diesem Hause) u. s. w.

Daß ein solches Buch aber Gebetbuch und nicht Gesangbuch heißt, rührt daher, weil bei dem Englischen Gottesdienst von der Gemeine eigentlich nicht gesungen, sondern nur gebetet wird. Demohngeachtet aber sind auch in diesem Gebetbuche die Psalmen in Englische Verse übersetzt mit befindlich.

Das Gebetbuch, was mir mein Wirth liehe, war ein rechtes Familienstück, denn aller seiner Kinder Geburts- und Nahmenstage, und auch der Tag seiner Hochzeit waren sorgfältig darinn verzeichnet. Um desto mehr Werth hatte auch dieß Buch in meinen Augen.

Um halb zehn Uhr fing erst der Gottesdienst an. Grade unserm Hause gegenüber standen die Knaben des Dorfs, alle blühend und schön, und sehr nett und sauber angezogen, ihr rundabgeschnittnes Haar nach Englischer Art gekämmt, mit offner freier Brust, und die weißen Kragen an ihren Hemden von beiden Seiten übergeschlagen. Sie schienen sich hier beim Eingange des Dorfs versammlet zu haben, um den Pfarrer zu erwarten.

Ich gieng ein wenig vor das Dorf hinaus spazieren, wo ich von fern einige Männer aus einem andern Dorfe kommen sahe, die dem hiesigen Gottesdienste beiwohnen wollten.

Endlich kam der Pfarrer geritten. Die Knaben zogen ihre Hüte vor ihm ab, und bückten sich tief vor ihm. Er war ein Mann von schon etwas ältlichem Ansehn, und trug sein eignes Haar rund frisirt, oder vielmehr, wie es sich von selber in Locken rollte.

Es ward geläutet, und ich ging, mein Gebetbuch unterm Arm, mit der Gemeine zur Kirche; wo mir der Clerk oder Küster sehr höflich dicht vor der Kanzel einen Platz anwieß.

Die Auszierung der Kirche war sehr simpel. Gerade über dem Altar, waren auf zwei Tafeln mit großen Buchstaben die zehn Gebote verzeichnet, welche doch immer ein sehr kurzer und nachdrücklicher Inbegriff einer Sittenlehre für das Volk sind.

Unter der Kanzel dicht am Aufgange derselben war ein Pult, worinn der Prediger, vor der Predigt, stand, und eine sehr lange Liturgie ablas, worauf der Küster jedesmal entwortete, indeß die ganze Gemeine leise mit einstimmte. Wenn z. B. der Priester sagte: God have Mercy upon us! so antwortete der Küster und die Gemeine: and forgive us all our Sins! oder der Priester las ein Gebet, und die ganze Gemeine sagte Amen dazu.

Dieß ist für den Prediger sehr beschwerlich, der nicht nur, so lange er predigt, sondern während des ganzen Gottesdienstes beständig reden muß. Aber das Mitbeten der ganzen Gemeine hat etwas sehr Feierliches und Rührendes.

Ein Paar Soldaten, die neben mir saßen, und vermuthlich in London gewesen waren, schienen schon starke Geister seyn zu wollen, denn sie beteten nicht laut mit.

Nachdem nun eine Weile gebetet war, merkte ich auf dem Chore einige Bewegungen, der Clerk war sehr geschäftig, und man schien sich zu irgend etwas Feierlichem zu rüsten, auch erblickte ich verschiedne musikalische Instrumente, als der Prediger mit Lesen inne hielt, und der Clerk vom Chor herunter sagte: Laßt uns zur Ehre Gottes singen, den sieben und vierzigsten Psalm,

K 3

der sich anhebt, awake, our Hearts, awake with Joy!

Und wie rührend und herzerhebend war es, als nun auf einmal in dieser kleinen ländlichen Kirche eine Instrumental- und Vokalmusik erschallte, welche von keinen gedungenen Tonkünstlern, sondern von den glücklichen Bewohnern dieses Dorfes selbst, als ein fröhliches Opfer zur Ehre ihres Gottes dargebracht wurde.

Dieser Gesang wechselte nun noch einigemal mit dem Gebet ab, und die Melodie der Psalmen hatte einen so raschen und freudigen, und doch dabei erhabnen Gang, der das Herz unaufhaltsam zur Andacht mit sich fortriß, und mich oft bis zu Thränen rührte.

Der Prediger trat nun auf und hielt eine kurze Rede über den Text: Es werden nicht alle, die zu mir Herr! Herr! sagen ins Himmelreich kommen, u. s. w. Er handelte in ziemlich allgemeinen Ausdrücken und Predigerterminologien von der Nothwendigkeit, des Herrn Willen zu thun, sagte aber weiter eben nichts besonders Zweckmäßiges. Die Predigt dauerte keine halbe Stunde.

Dieser Prediger hatte eben kein freundli‍ches, einnehmendes Wesen, und schien auch den Bauern etwas stolz mit einem vornehmen Kopf‍nicken zu danken, wenn sie ihn grüßten.

Ich blieb bis der Gottesdienst ganz geendigt war, und dann ging ich wieder mit der Gemeine aus der Kirche, und besahe noch die Leichensteine und Grabschriften auf dem Kirchhofe, welche doch größtentheils simpler und geschmackvoller als die unsrigen waren.

Einige waren freilich auch komisch genug, worunter denn vorzüglich eine Grabschrift auf einen Schmidt gehört, die ich wegen ihrer Selt‍samkeit abgeschrieben haben, und sie hierher setzen will:

 My Sledge and Anvil lie declined,
 My Bellows too have loſt their Wind;
 My Fire's exſtinct, my Forge decay'd.
 My Coals are ſpent, my Iron's gone,
 My Nails are drove, my Work is done.

„Mein Schmiedehammer und Ambos lie‍„gen darnieder; meine Blasebälge haben ihren „Wind verlohren; mein Feuer ist verloschen, „und meine Schmiede verfallen; meine Kohlen

„sind verbraucht, mein Eisen ist alle, meine
„Nägel sind eingeschlagen, meine Arbeit
„ist aus."

Viele Grabschriften fand ich, die sich mit
folgenden Reimen endigten: Physicians were in
vain; God knew the best, and laid his Dust to
Rest. Aerzte waren vergeblich; Gott wußte am
besten, was ihm gut sey, und legte seinen Staub
zur Ruhe.

In der Kirche selbst sahe ich das marmorne
Epitaphium eines Sohnes des berühmten D.
Wallis, mit folgender simpeln und rührenden
Inschrift: Eben der Verstand, welcher ihn zu
jedem öffentlichen Amte fähig machte, lehrte ihn,
sein Leben hier in der Stille zubringen.

Alle die Bauern, welche ich hier sahe, wa=
ren nicht, wie die unsrigen, in grobe Kittel, son=
dern gutes feines Tuch, auf eine geschmackvolle
Art gekleidet, und unterschieden sich nur dadurch
von den Stadtleuten, daß mir ihr Anzug und
ihr ganzes Betragen weit natürlicher und edler
zu seyn schien.

Einige von den Soldaten, die starke Gei=
ster seyn wollten, gesellten sich zu mir, da ich

die Kirche besahe, und schienen sich ordentlich ihrer Kirche zu schämen, indem sie sagten: es sey nur eine sehr erbärmliche Kirche; worüber ich mir denn die Freiheit nahm, sie zu belehren, daß keine Kirche erbärmlich sey, die ordentliche und vernünftige Menschen in sich faßte.

Ich blieb noch den Mittag hier. Den Nachmittag war kein Gottesdienst, aber die jungen Leute musicierten wieder für sich, und sangen einige Psalmen, wobei ein Theil der Gemeine zuhörte. Es geschahe dieß mit solcher Anständigkeit, daß es auch wie eine Art von Gottesdienst zu betrachten war. Dieser Kirchenmusik wohnte ich wieder bei. Ich war wie an dieß Dorf gebannt. Dreimal ging ich fort, um weiter zu reisen, und eben so oft kehrte ich wieder um, weil ich mir beinahe vorgenommen hatte, eine Woche oder länger in diesem Dorfe zuzubringen.

Doch der Gedanke, daß ich nur noch einige Wochen bis zu meiner Rückreise übrig hatte, und doch noch Derbischire besehen wollte, trieb mich endlich fort. Mit Wehmuth blickte ich oft nach dem kleinen Kirchthurme und den friedlichen Hütten zurück, wo ich einen Morgen, wie zu Hause gewesen war.

Nun war es beinahe drei Uhr Nachmittages, als ich von hier wegging, und ich hatte noch achtzehn Meilen bis Oxford. Allein ich nahm mir vor, nicht bis Oxford zu gehen, sondern die Nacht über etwa fünf bis sechs Meilen davon zu bleiben, um es alsdann den folgenden Morgen noch bei guter Zeit zu erreichen.

Mein Weg von Nettlebed aus war ein ununterbrochener Spaziergang in einem großen Garten. Ich wechselte oft mit Gehen und Lesen im Milton ab: Als ich ohngefähr acht Meilen von Nettlebed und nicht weit mehr von Dorchester war, hatte ich die Themse in einiger Entfernung zur Linken, und an ihrem jenseitigen Ufer sah ich einen langen Hügel, hinter welchem ein Mastbaum hervorzuragen schien, der mich vermuthen ließ, daß an der andern Seite des Hügels auch ein Fluß sey.

Die Aussicht, welche ich mir von diesem Hügel versprach, konnte ich unmöglich so vorbeigehen; ich ging links vom Wege ab, über eine Brücke über die Themse, und immer den Hügel hinauf, auf den Mastbaum zu. Als ich den Gipfel erstiegen hatte, fand ich, daß alles ein Blendwerk war. Ich hatte nichts, als eine große Tonne vor mir, und der Mastbaum war in die Erde gegraben, um vorwitzige Leute vom Wege abzulocken.

Ich stieg also meinen Hügel wieder herunter; am Fuß desselben war ein Haus, wo viele Leute aus dem Fenster sahen, die mich auszulachen schienen, daran ich mich aber wenig kehrte, und meine Straße fortging, ohne daß mich meine Reise zu dem Mastbaum sehr gereuet hätte. Nur war ich doch von dem Steigen etwas ermüdet.

Nicht weit von hier nahe vor Dorchester hatte ich noch eine herrliche Scene. Die Gegend wurde hier so schön, daß ich nicht weiter gehen konnte, sondern mich auf den grünen Rasen legte, und sie mit Entzücken betrachtete. Der Mond stand schon in seiner ganzen Fülle am Himmel, die Sonne flimmerte noch mit ihren letzten Strahlen durch die grünen Hecken. Hierzu kam der Wiese betäubender Wohlgeruch, der

Vögel mannichfaltiger Gesang, die Hügel an der Themse, bald hellgrün, blaßgrün, oder dunkelgrün, mit ihren hin und her zerstreuten Baumgeschwadern. Ich erlag fast unter der Betrachtung aller dieser reizenden Gegenstände.

Ich kam ziemlich spät in Dorchester an. Dieß ist nur ein kleiner Ort, hat aber eine große und ansehnliche Kirche. Indessen standen die Damen mit frisiertem Haar vor den Häusern, wo ich vorbei ging, und es schien mir hier wieder alles ein viel zu vornehmes Ansehen zu haben, als daß ich hier hätte bleiben sollen, wie ich anfänglich willens war.

Ich entschloß mich also, noch viertehalb Meilen bis Nuneham zu gehen, wovon es nur noch fünf Meilen bis Oxford war. Hier in Nuneham kam ich denn ziemlich ermüdet und bei finstrer Nacht an.

Der Ort bestand aus zwei Reihen dicht aneinandergebauter Häuser, und war so regelmäßig angelegt, wie eine Straße in London. Alle Thüren waren schon verschlossen, und ich sahe nur noch in einigen Häusern Licht.

Endlich sah' ich ganz am Ende des Orts, ein großes Schild queer über die Straße aushängen, und das letzte Haus an der linken Seite war der Gasthof, wo noch alles in Bewegung war.

Ich kehrte ohne Umstände ein, und sagte, ich wolle die Nacht da bleiben. By no means! (keinesweges) hieß es, es sey schlechterdings unmöglich; das ganze Haus sey voll, und alle ihre Betten besetzt; da ich so weit wäre, solle ich nur noch vollends die fünf Meilen bis Oxford gehen.

Weil mich sehr hungerte, so verlangte ich wenigstens, daß man mir etwas zu essen geben sollte. Allein ich bekam zur Antwort, weil ich die Nacht nicht da bleiben könne, so ginge es auch nicht gut an, daß sie mir zu Essen geben könnten, ich möchte nur weiter gehn.

Endlich verlangte ich einen Krug Bier, den man mir für baare Bezahlung gab, aber einen Bissen Brodt dazu, den ich auch gern bezahlen wollte, schlug man mir ab.

Eine solche erstaunliche Inhospitalität hatte ich denn doch in einem Englischen Gasthofe nicht

erwartet. Ich wollte aber doch alles mögliche
versuchen, um zu sehen, wie weit die Lieblosig:
keit dieser Leute gehen würde.

Ich bat also, sie möchten mich nur auf ei:
ner Bank schlafen lassen, und mir Obdach ge:
ben, ich wolle dafür so viel, als für ein Bette
bezahlen, denn ich wäre so müde, daß ich un:
möglich weiter gehen könnte, allein indem ich
noch diesen Antrag machte, schlug man mir die
Thür vor der Nase zu.

Da man mich nun hier in einem kleinen
Dorfe nicht hatte aufnehmen wollen, so konnte
ich noch weit weniger erwarten, daß man es in
Oxford thun würde. Ich war also beinahe ent:
schlossen, diese Nacht, weil es überdem ziemlich
warm war, unter freiem Himmel zuzubringen,
und suchte mir zu dem Ende einen bequemen
Platz auf dem Felde unter einem Baume aus.
Als ich nun gerade im Begriff war, meinen
Ueberrock auszuziehen, um ihn mir untern Kopf
zu legen, hörte ich jemanden mit schnellen Schrit:
ten hinter mir herkommen, der mir zurief, ich
solle warten, wir könnten miteinander gehen.

So wenig nun auch jemanden, der auf die Weise hinter einem herkömmt, in finstrer Nacht zu trauen ist, so war es mir doch eine Freude, daß sich wieder ein Mensch um mich bekümmerte, und mit mir gehen wollte, da ich vorher so äusserst unfreundlich von den Menschen ausgestoßen war.

Ich erwartete ihn also ruhig, und als er zu mir heran kam, sagte er, wenn ich gut zu Fuße wäre, so könnten wir miteinander gehen, denn er wolle auch noch nach Oxford. Als ich ihm das erste versicherte, setzten wir unsern Weg zusammen fort.

Da ich nun nicht wissen konnte, ob meinem Reisegefährten zu trauen sey, so suchte ich mich ihm auf alle Fälle von einer bemitleidenswerthen Seite bekannt zu machen. Und beklagte mich zu dem Ende über das Unrecht, daß man mir, als einen a r m e n Wandrer, in dem letzten Gasthofe nicht einmal ein Obdach verstattet, und mir für mein Geld sogar einen Bissen Brod versagt habe.

Mein Reisegefährte entschuldigte die Leute in etwas, indem er sagte, daß wirklich das Haus voller Leute sey, die hier in der Nähe gearbeitet hätten, und nun da logierten. Daß man mir aber einen Bissen Brod versagt habe, könne er freilich selbst nicht billigen; und hierauf fragte er mich, wo ich denn heute hergewandert käme.

Ich antwortete aus Nettlebed, und erzählte ihm, daß ich da heute Morgen dem Gottesdienste mit beigewohnt hätte.

Da Ihr also vermuthlich heute Nachmittag durch Dorchester gekommen seyd, sagte er, so hättet Ihr mich auch können predigen hören, wenn Ihr dort in die Kirche gekommen wäret: denn dieß ist mein Vikariat, wo ich eben herkomme, um wieder nach Oxford zu gehen.

Also seyd Ihr ein Prediger? sagte ich, ganz voller Freuden, daß ich in dieser finstern Nacht, auf meinem Wege einen Gefährten angetroffen hatte, mit dem ich einerlei Beschäftigung trieb. Ich bin auch ein Mann der predigt, sagte ich zu ihm, indem ich ihm zugleich zuverstehen gab, daß ich nicht, wie ich vorher gesagt, aus Armuth, sondern um Sitten und Menschen kennen zu lernen, zu Fuße reißte.

Er

Er war über diese angenehme Zusammenkunft eben so erfreut wie ich, und wir schüttelten brüderlich die Hände zusammen, ehe wir weiter gingen.

Nun fing er an, einige Worte Latein zu reden, und da ich ihm nach der Englischen Aussprache wieder Lateinisch antwortete, gab er mir seinen Beifall über meine richtige Pronunciation des Lateinischen zu erkennen. Denn, sagte er, vor einigen Jahren sey ihm einmal, auch in der Nacht, fast auf eben dem Fleck, ein Deutscher begegnet, der ihn auch in Latein angeredet, aber es so abscheulich ausgesprochen habe, daß er nur wenige Worte davon verstanden hätte.

Das Gespräch lenkte sich nun auf theologische Materien, und unter andern auf die neuen Lehren des D. Priestley, den er bis in den untersten Abgrund der Hölle verdammte. Ich hütete mich also wohl, mich über diesen Text zu tief mit ihm einzulassen, und billigte seine Behauptungen ohne alle Einschränkung, wodurch ich mir sehr seine Gunst erwarb.

Während diesem Gespräche waren wir fast, ohne des Weges gewahr zu werden, bis nahe vor Oxford gekommen.

Nun, sagte er, würde ich bald eine von den schönsten und prächtigsten Städten, nicht nur in England, sondern in ganz Europa, sehen, nur sey es Schade, daß ich, wegen der Dunkelheit der Nacht, den herrlichsten Prospekt davon verlieren würde.

Diesen verlor ich denn auch wirklich, und sahe nicht eher etwas von Oxford, bis wir dicht daran waren. Und nun sagte er, als wir hineingingen, würde ich eine der längsten, prächtigsten und schönsten Straßen nicht nur in dieser Stadt, sondern in England, und überhaupt in ganz Europa sehen.

Sehen konnte ich die Pracht und Schönheit dieser Straße nicht, aber ihre Länge fühlte ich an meiner Müdigkeit, denn ich merkte, daß wir immer fortgingen, ohne daß die längste Straße in Europa ein Ende nahm, oder das ich gewußt hätte, wo ich nun auf dieser berühmten Straße die Nacht bleiben würde. Bis endlich mein Reisegefährte stille stand, um von mir Abschied zu nehmen, und sagte, er wolle nun in sein Kollegium gehen, wo er wohnte.

Und ich will mich die Nacht hier auf einen Stein setzen, gab ich ihm zur Antwort, und den Morgen abwarten, weil ich hier wohl schwerlich eine Herberge finden werde.

Ihr wollt Euch auf einen Stein setzen, sagte er, und schüttelte mit dem Kopfe: Kommt lieber mit mir in ein Bierhaus hier in der Nähe, vielleicht treffen wir da noch mehr Gesellschaft an!

Wir gingen also noch ein Paar Häuser weiter, und klopften an die Thüre. Es gieng schon auf zwölf Uhr. Man machte uns auf, und wie groß war meine Verwunderung, da wir gleich zur linken Seite in einen Verschlag traten, wo eine ganze Anzahl Priester mit ihren Mänteln und Kragen, um einen großen Tisch, jeder seinen Bierkrug vor sich, saßen, denen mich mein Reisegefährte als einen german Clergyman vorstellte, und mich nicht genug wegen meiner richtigen Aussprache des Lateinischen, meiner Orthodoxie, und meines guten Schrittes wegen, rühmen konnte.

Ich sahe mich also plötzlich in eine Gesellschaft versetzt, wovon ich mir nie etwas hatte träumen lassen; und es kam mir äusserst sonderbar vor, daß ich nun so auf einmal, ohne zu wissen wie, nach Oxford, und mitten in der Nacht in eine Gesellschaft oxfordischer Geistlichen gekommen war.

Indeß suchte ich mich in dieser Situation so gut wie möglich zu nehmen. Ich erzählte von unsern deutschen Universitäten, und daß es auf denselben oft sehr unruhig und geräuschvoll zuginge, und dergleichen: O hier gehts auch manchmal sehr geräuschvoll zu, versicherte mich einer von den Geistlichen, der einen kräftigen Zug aus seinem Bierkruge that, und dabei mit der Hand auf den Tisch schlug.

Die Unterhaltung ward immer lebhafter: man fragte mich auch nach Herrn Bruns, jetzigen Professor in Helmstädt, den die meisten unter der Gesellschaft gekannt hatten.

Nun war unter allen diesen Clergymen auch ein Weltlicher, Nahmens Clerck, der ein starker Geist seyn wollte, und ihnen allerlei Einwürfe gegen die Bibel machte. Er machte ein

Wortspiel mit seinem Nahmen, weil Clerk auch ein Küster heißt, indem er sagte, er bleibe immer Clerk, und avancire nie zum Clergyman; überhaupt war er, nach seiner Art, wirklich ein launigter Kerl.

Dieser machte denn unter andern meinem Reisegefährten, der, wie ich hörte, Mr. Modd hieß, den Einwurf gegen die Bibel, daß mit klaren Worten darinn stünde, Gott sey ein Weintrinker.

Darüber ereiferte sich nun Mr. Modd gewaltig, indem er behauptete, es sey schlechterdings unmöglich, daß eine solche Stelle in der Bibel gefunden werde. Ein andrer Geistlicher, der Mr. Caern hieß, berief sich auf seinen abwesenden Bruder, der schon vierzig Jahr im Amte sey, und gewiß etwas von dieser Stelle wissen müsse, wenn sie in der Bibel stünde, er wolle aber darauf schwören, daß sein Bruder nichts davon wisse.

Waiter! ferch a Bible! (Aufwärter, hohlet eine Bibel!) rief Mr. Clerk, und es wurde eine große Hausbibel gebracht, und mitten auf dem Tische unter allen den Alekrügen aufgeschlagen.

Mr. Clerk blätterte ein wenig, und las im Buch der Richter 9, 13. Soll ich meinen Wein verlaſſen, der Götter und Menſchen fröhlich macht? in der Engliſchen Ueberſetzung: which rejoices the Heart of God and Man.

Mr. Modd und Mr. Caern, die vorher am muthigſten geweſen waren, ſaßen auf einmal wie betäubt, und es herrſchte eine Stille von einigen Minuten, als auf einmal der Geiſt der Exegeſe über mich kam, und ich ſagte: Gentlemen! that is an allegorical Expreſſion! (Meine Herrn, das iſt ein allegoriſcher Ausdruck,) denn, fuhr ich fort, wie oft werden die Könige der Erden in der Bibel Götter genannt?

Freilich iſts ein allegoriſcher Ausdruck! fielen ſogleich Mr. Modd und Mr. Caern ein, und das iſt ja ſo leicht einzuſehen, wie möglich! — ſo triumphirten ſie nun über den armen Clerk, und tranken mir mit vollen Zügen eine Geſundheit nach der andern zu.

Mr. Clerk aber hatte ſeine Pfeile noch nicht alle verſchoſſen, ſondern verlangte, ſie ſollten ihm eine Stelle im Propheten Ezechiel erklären, wo mit ausdrücklichen Worten stehe, Gott sey ein Bartscheerer.

Hierdurch wurde Mr. Modd so sehr aufgebracht, daß er den Clerk an impudent Fellow (einen unverschämten Kerl) nannte, und Mr. Caern berief sich auf seinen Bruder, der schon vierzig Jahr im Amte sey, daß dieser den Mr. Clerk ebenfalls für einen unverschämten Kerl halten würde, weil er so etwas Abscheuliches behaupten könnte.

Mr. Clerk aber blieb ganz ruhig, und schlug im Propheten Ezechiel eine Stelle auf, die ein jeder lesen konnte, wo es von den verstockten Juden hieß: God will shave the Beard of them. (Gott wird ihnen den Bart abscheren). Waren nun Mr. Modd und Mr. Carn vorher wie vor den Kopf geschlagen, so waren sie es jetzt noch viel mehr, und hier ließ selbst den Mr. Caern sein Bruder, der schon vierzig Jahr im Amt war, ganz im Stiche.

Ich brach das Stillschweigen aufs neue, und sagte! Gentlemen! dieß ist ja ebenfalls ein allegorischer Ausdruck! — Freilich ist es das! fielen mir Mr. Modd und Mr. Caern ins Wort, und schlugen dazu auf den Tisch. — Denn den Gefangenen, fuhr ich fort, wurde der Bart abgeschoren, und es heißt also weiter nichts, als Gott wird sie in die Gefangenschaft fremder Völker geben, die ihnen den Bart abscheeren! — Das versteht sich, ein jeder sieht es ein, und es ist so klar wie der Tag! schallte mir vom ganzen Tische entgegen, und Mr. Caern setzte hinzu, sein Bruder, der vierzig Jahr im Amte wäre, erklärte es eben so;

Dies war der zweite Triumph über Mr. Clerk, und dieser war nun ruhig und machte keine Einwürfe weiter gegen die Bibel. Von den übrigen aber wurde mir noch manche Gesundheit in dem starken Ale zugetrunken, welches mir höchst zuwider war, weil dieses Ale beinahe stärker wie Wein berauscht.

Das Gespräch lenkte sich nun auf andre Gegenstände. Endlich als es beinahe gegen Morgen ging, fing Mr. Modd an: damm me! I must read Prayers in all Souls College! (ich muß in aller Seelen Collegio Betstunde halten; und damm me! ist eine Verkürzung aus God damm me! Gott verdamme mich, welches aber in England nicht viel mehr sagen will, als bei uns, Ei zum Henker! oder Potztausend!)

Ehe aber Mr. Modd wegging, lud er mich auf den folgenden Morgen zu sich ein, und erbot sich sehr höflich, mir die Merkwürdigkeiten von Oxford zu zeigen. Die übrigen von der Gesellschaft verlohren sich nun auch. Und da ich einmal, freilich auf eine sonderbare Art, in eine so ansehnliche Gesellschaft eingeführt war, trug man auch im Hause weiter kein Bedenken, mich aufzunehmen, und wies mir ein gutes Schlafzimmer an.

Allein am folgenden Morgen, da ich aufwachte, hatte ich von dem gestrigen starken Zutrinken der Ehrwürdigen Herren ein solches Kopfweh bekommen, daß es mir nicht möglich war aufzustehen, und noch weniger, den Herrn Modd in seinem Kollegio zu besuchen.

Der Gasthof, worinn ich war, hieß the Miter, (die Bischofsmütze). Und ich fand hier, gegen Windsor gerechnet, die vortrefflichste Bedienung. Allein weil ich den Abend, ehe ich zu Bette ging, etwas aufgeräumt war, so sagte ich dem Aufwärter geradezu, er möchte nicht glauben, weil ich zu

L 5

Fuße ginge, daß ich ihm deswegen ein schlechter Trinkgeld geben würde, sondern versicherte ihm das Gegentheil, wodurch ich denn die beste Aufwartung von der Welt erhielt.

Ich nahm mir nun vor, ein Paar Tage in Orford zu bleiben, um zugleich während der Zeit, wieder reine Wäsche zu erhalten, die hier äusserst nöthig thut, denn als ich den Nachmittag ein wenig spazieren ging, und meine Wäsche etwas schmutzig war, hört ich mir in einer kleinen Straße ein Paar Weiber vor der Thüren nachrufen: Seht doch den feinen Herrn, der nicht einmal ein weißes Hemde am Leibe trägt!

Den Mittag aß ich unten mit der Familie und noch einigen Personen die da speißten, und unterhielt mich sehr angenehm. Ich mußte viel von Deutschland und vorzüglich vom König von Preußen erzählen. Ueber meinen Entschluß und Kühnheit zu Fuß zu gehen, konnte man sich nicht genug wundern, ob man gleich meine Absicht billigte; und endlich gestand man mir offenherzig, daß ich auch hier nicht wäre aufgenommen worden, wenn es nicht auf eine so sonderbare Weise gekommen wäre. Denn ein jeder, der eine so weite Reise zu Fuße thäte, würde für einen Bettler oder Spitzbuben gehalten, woraus ich mir denn meine Aufnahme in Windsor und Nuneham leicht erklären konnte. Ob ich gleich diesen schrecklich übertriebnen Luxus nichts weniger als billigen kann, vermöge dessen die Fußgänger in England nicht einmal ehrlich seyn sollen.

Da ich nun nach Darbyshire gehen wollte, rieth man mir, wenigstens, bis ich tiefer ins Land kommen würde, einen Platz in einer Postkutsche zu nehmen. Denn je weiter man von London ab ins Land käme, desto weniger herrschte der Luxus, und desto wohlfeiler und wirthbarer sey es auch. Ich nahm mir also auch vor, von Oxford bis Birmingham, wo ich von Herrn Pointer aus London an Herrn Fothergill, einen Kaufmann empfohlen war, in einer Postkutsche zu fahren, und von da erst weiter zu Fuße zu gehen.

Den Montag brachte ich in Oxford wegen meines Kopfwehes etwas mißvergnügt zu. Herr Modd kam, um mich selber abzuhohlen, weil er sein Versprechen erfüllen wollte, allein ich fand mich nicht im Stande, mitzugehen.

Demohngeachtet machte ich gegen Abend noch einen kleinen Spaziergang auf einen Hügel, der gegen Norden vor Oxford liegt, und von welchem man die ganze Stadt übersehen kann, die mir denn bei weitem nicht so schön und prächtig vorkam, wie sie mir Herr Modd bei unsrer Nachtwanderung beschrieben hatte.

Die Kollegiengebäude sind größtentheils in gothischem Geschmack mit Verzierungen überhäuft, aus einem grauen Stein erbauet, der vielleicht, wenn er neu ist, besser aussieht, aber jetzt die ekelhafteste widrigste Farbe hat, die man sich nur denken kann.

Nur einige dieser Kollegien sind modern gebaut, und die übrigen Häuser sind größtentheils höchst erbärmlich, und in verschiednen Straßen nur ein Stockwerk hoch, und mit Schindeln gedeckt. Mir schien Oxford einen sehr traurigen und melancholischen Anblick zu haben, und ich begreife gar nicht, wie man es nächst London für eine der schönsten Städte in England halten kann.

(173)

Ich wartete auf dem Hügel, in welchen eine Treppe zu einem unterirdischen Gange hinuntergemauert war, bis die Sonne unterging, und sahe verschiedne Studenten hier spazieren gehen, die eben so wie die Schüler in Eaton-College, über ihre bunten Kleider große schwarze Chorröcke und platte viereckigte Hüte tragen; welches die Tracht ist, wodurch sich alle, die zur Universität gehören, mit verschiednen kleinen Abänderungen nach ihren Würden und Graden, auszeichnen.

Wegen dieser Chorröcke werden sie auch wahrscheinlich Gownsmen im Gegensatz gegen die Bürger genannt, welche Townsmen heißen. Und wenn man alle Einwohner von Oxford zusammenfassen will, so sagt man: die ganze Stadt, Gownsmen and Townsmen.

Freilich sticht diese Kleidung gegen die großen Stiefeln, Kokarden an den Hüten, Kollets und Hetzpeitschen mancher Studenten auf unsern Universitäten ganz erstaunlich ab, so wie überhaupt die Stille und das sittsame Betragen, welches denn doch hier unter den Studenten herrscht.

Am andern Morgen zeigte mir Herr Modd versprochnermaßen einige von den Merkwürdigkeiten in Oxford. Er ging erst mit mir auf seine Stube in sein Kollegium, welche unten an der Erde ziemlich niedrig und dunkel war, und mit einer Zelle viel Aehnlichkeit hatte. Das Kollegium, worinn Herr Modd wohnte, hieß Chrift Corps College.

Alsdann führte er mich nach All Souls College, ein elegantes Gebäude, worinn auch die Kirche vorzüglich schön ist. Herr Modd zeigte mir hier über dem Altar ein Gemählde von Mengs, bei dessen Anblick er mehr Empfindung verrieth, als ich ihm zugetrauet hätte. Er sagte, so oft er dieß Gemählde sähe, würde er aufs neue dadurch gerührt.

Dieß Gemählde stellte die Maria Magdalena vor, wie sie plötzlich Jesum vor sich stehen sieht, und vor ihm niederfällt. Und in ihrem Gesicht sind Schmerz, Freude, Wehmuth, kurz ganz verschiedne Leidenschaften, so meisterhaft ausgedrückt, daß man gar nicht müde wird, dieß Gemählde zu betrachten, und immer mehr dadurch gerührt wird, je länger man es ansieht.

Er zeigte mir nun auch die Bibliothek in diesem Kollegio, welche oben mit einer Gallerie versehen ist, und überhaupt eine schöne äussere Einrichtung hat. Unter andern sahe ich hier eine Beschreibung von Oxford mit Kupfern, in Folio, wo sich denn die Thürme und Kollegiengebäude freilich weit schöner auf dem Papier, als in der Natur ausnahmen.

Hierauf führte mich Herr Modd weiter unten auf die Butlejanische Bibliothek, welche mit der Vatikanischen in Rom verglichen wird; und auf das Gebäude, welches the Theater heißt, und wo die öffentlichen Disputationen gehalten werden. Dieß ist ein rundes Gebäude, worinn ein Chor umhergeht, das mit Bänken, eine über der andern, versehen ist, worauf die Doktoren, Magister und Studenten sitzen; und gerade gegeneinander über sind zwei Kanzeln erbauet, von welchen die Disputirenden zu einander hinüber sprechen.

Christchurch College und Queens College sind wohl die modernsten und schönsten unter den öffentlichen Gebäuden. Beliols College scheint sich vorzüglich wegen seines Alterthums und seiner ganz gothischen Bauart auszuzeichnen.

Herr Modd erzählte mir, daß man sich in Oxford mit Predigen viel verdienen könne, denn die Studenten müßten alle nach der Reihe, in der Universitätskirche des Sonntags einmal predigen; die meisten aber an die es käme, suchten es abzukaufen: und bezahlten für eine Predigt wohl fünf bis sechs Guineen.

Auch erzählte mir Herr Modd, daß er nun achtzehn Jahr auf dieser Universität sey, und umsonst Doktor werden könne, so bald er wolle. Er war Master of Arts, und hielt, wie er sagte, Vorlesungen über klassische Autoren. Auch war er wirklich ordinirter Prediger, um in einigen Dörfern um Oxford den Gottesdienst zu versehen.

Unterweges begegnete uns der Englische Dichter Warton, ein schon etwas ältlicher Mann, der demohngeachtet noch Fellow oder Mitglied eines Kollegii ist, und wie Herr Modd erzählte, ausser der Poesie, sein größtes Vergnügen darinn finden soll, wilde Enten zu schießen.

Herr

Herr Modd schien übrigens auch ein guter menschenfreundlicher Mann zu seyn. In Dorchester, erzählte er mir, sey der Clerk oder Küster gestorben, und habe eine zahlreiche Familie in größter Dürftigkeit hinterlassen, nun wolle er Morgen hinreiten, und zu bewerkstelligen suchen, daß der älteste Sohn des Verstorbenen, ein junger Mensch von sechzehn Jahren, den Clerkdienst wieder erhalte, um seine arme Familie ernähren zu können.

In der Miter, dem Gasthofe, wo ich logierte, sprachen die Geistlichen und Studenten alle Augenblick einmal ein, um einen Krug Ale zu trinken, oder eine kurze Konversation mit der Tochter im Hause zu führen, die ein artiges Frauenzimmer war.

Man machte mir erstaunlich viel Rühmens, von einem Deutschen, Nahmens Mitschel, wenigstens sprachen sie seinen Nahmen so aus, der sich schon seit vielen Jahren als Musikus hier berühmt gemacht habe. Ich freute mich, von Engländern einen Landsmann so rühmen zu hören, wollte ihn auch besuchen, aber traf ihn nicht zu Hause.

M

Castleton, den 30sten Juni.

Ehe ich Ihnen von meinem hiesigen Aufenthalt etwas sage, will ich in der Erzählung meiner Abentener fortfahren, und nur da wieder anfangen, wo ich es in meinem letzten Briefe gelassen habe.

Am Dienstage Nachmittage führte mich Herr Modd auf die Spaziergänge bei Oxford, und bemerkte denn ziemlich oft, daß sie nicht nur in England, sondern überhaupt in Europa nicht schöner seyn könnten. Es waren wirklich auch recht hübsche Gänge und Alleen, insbesondre gefiel mir ein kleiner Spaziergang längst einem Flusse, hinter Christcorpscollege.

Wir setzten uns hier auf eine Bank nieder, und Herr Modd zog ein Journal aus der Tasche, worinn unter andern auch ein deutsches Buch vom Professor Beckmann in Göttingen recensirt, und gelobt war. Herr Modd schien bei dieser Gelegenheit einigen Respekt für die deutsche Litteratur zu bezeugen. Endlich schieden wir von einander, er zur Besetzung der Küsterstelle in Dorchester, und ich in die Miter, um mich ebenfalls zu meiner Abreise aus Oxford anzuschicken, die denn auch den Mittwoch früh um drei Uhr mit der Postkutsche vor sich ging, nach-

dem ich vorher eine verhältnißmäßig ziemlich
billige Rechnung bezahlt hatte.

Inwendig in der Postkutsche saß nur noch
ein junger Mensch, der zwar schwarz gekleidet,
aber nach seiner Kokarde am Hute zu schließen,
ein Officier war. Hingegen war die Aussenseite
der Kutsche mit Weibern und Soldaten ganz besetzt. Die Weiber von geringem Stande tragen
hier eine Art kurzer Mäntel von rothem Tuch,
übrigens Hüte, wie die Vornehmen.

Die Tracht mit den Hüten, welche bei dem
Englischen Frauenzimmer so gemein ist, daß
sich die geringste Dienstmagd ihrer bedient, nimmt
sich, wie mir däucht, weit besser aus, als die
Hauben und Mützen unsers deutschen Frauen-
zimmers von bügerlichem Stande. Es ist überhaupt in England kein so großer Unterschied in
der Kleidung zwischen den Vornehmen und Geringen, als in Deutschland.

Ich hatte etwas Kopfweh, und machte daher bei meinem Reisegefährten in der Postkutsche ziemlich den Misanthropen, welches vielleicht ihm, als dem Engländer, eher zugekommen
wäre. Allein hier war es umgekehrt, er redte

mich einigemal sehr freundlich an, indeß ich nicht die mindeste Lust bezeigte, mich in ein Gespräch mit ihm einzulassen. Indeß gestand er mir nachher, daß eben diese anscheinende Zurückhaltung mir zuerst seine Gunst verschafft habe.

Er erzählte mir, daß er zwar Medicin studiert habe, nun aber nach Ostindien reisen, und da sein Glück als Officier versuchen wolle. Jetzt reise er nach Birmingham, um von seinen drei Schwestern, die dort in Pension wären, Abschied zu nehmen.

Ich erwiederte sein Zutrauen dadurch, daß ich ihm von meiner Fußreise in England, und von meinen Abentheuern erzählte. Er glaubte, dieß sey erstaunlich viel gewagt, ob er gleich meine Absicht, bei dieser Art zu reisen, billigte. Auf meine Frage, warum die Engländer denn nicht auch um derselben Vortheile willen manchmal zu Fuße reißten? war seine Antwort: they are too rich and to lazy! (sie sind zu reich und zu träge dazu).

Und wahr ist es, selbst der ärmste Mensch setzt sich lieber in Gefahr, auf der Outside einer Postkutsche den Hals zu brechen, als eine Strecke zu Fuße zu gehen. Es sahe fürchterlich aus, wenn die Weiber, wo wir stille hielten, oben von der Kutsche herunterstiegen, und die eine war einmal wirklich in Gefahr zu stürzen, da sie eben im Herabsteigen begriffen war, und die Pferde unversehens fortgingen.

Von Oxford bis Birmingham sind zwei und sechzig Meilen: allein diese weite Strecke ging fast ganz für mich verlohren, weil ich wieder in einer Postkutsche fuhr, wodurch ich zwar in großer Geschwindigkeit von einem Orte zum andern kam, aber nichts weniger that, als reisen.

Mein Reisegefährte entschädigte mich indeß einigermaßen für diesen Verlust. Er schien ein äusserst gutmüthiger Mensch zu seyn, und ich faßte in der kurzen Zeit eine Art von Zuneigung zu ihm, die man nicht leicht sobald gegen jemanden empfindet. Es schien dieses bei ihm eben der Fall zu seyn, und es war beinahe, als wenn wir eine Art von Freundschaft stifteten.

Indem wir gerade zufälliger Weise uns eine Zeitlang von Schakespear unterhalten hatten, waren wir auf einmal, ohne daß einer von uns vorher daran dachte, in Stratford an der Avon, Schakespears Geburtsorte, wo unser Wagen still hielt, weil hier eine Poststation war. Dieß war noch zwei und zwanzig Meilen von Birmingham, und vier und neunzig Meilen von London.

Unsre Empfindungen theilten sich hier einander sehr lebhaft mit.

Hier war es, wo das größte Genie, welches vielleicht die Natur je hervorbrachte, geboren ward. Hier bildete sich seine junge Seele, auf diesen Fluren spielte er als Knabe. Und hier in diesen niedrigen Hütten brachte er vergnügt mit einigen Freunden seine letzten Tage zu, nachdem er von dem großen Schauplatze der Welt abgetreten war, dessen Elend, Laster und Thorheiten, er selbst so meisterhaft geschildert hatte.

Der Fluß Avon ist ziemlich breit, und eine Reihe niedriger Hütten, nur ein Stockwerk hoch, und mit Schindeln gedeckt, erstreckt sich längst dem Ufer desselben. Diese Reihe von Häusern trägt recht das Gepräge patriarchalischer Simplicität und Genügsamkeit.

Wir besahen Schakespears Haus, das unter allen Häusern in Stratford, eines der schlechtesten, niedrigsten und unansehnlichsten ist, und unter dessen niedrigem Dache er demohngeachtet die vergnügtesten Tage zubrachte. In diesem Hause wohnen jetzt ein Paar alte Leute, die es gegen eine Kleinigkeit Fremden zeigen, und von diesem Einkommen leben.

Schakespears Stuhl, worauf er vor der Thür gesessen, war schon so zerschnitten, daß er fast keinem Stuhle mehr ähnlich sah; denn jeder Durchreisende schneidet sich zum Andenken einen Span davon ab, welchen er als ein Heiligthum aufbewahrt. Ich schnitt mir auch einen ab, weil er aber zu klein war, habe ich ihn verloren, und Sie werden ihn also bei meiner Wiederkunft nicht zu sehen bekommen.

Als wir weiter fuhren, betrachtete ich jeden Fleck mit Aufmerksamkeit, wo wir vorbeikamen, wenn ich dachte: das ist nun die Gegend, wo ein solcher Geist, wie Schakespears, seine erste Bildung durch die ihn umgebende Natur erhielt! Denn die ersten Eindrücke der Kindheit bleiben doch immer äusserst wichtig, und sind gewissermaßen die Grundlage aller folgenden. Obgleich die Gegend hier zwar nicht vorzüglich schön ist, so hat sie doch ganz etwas Eignes, Romantisches.

Den Nachmittag um drei Uhr kamen wir schon in Birmingham an. Sechzehn Schillinge für meinen Platz in der Kutsche von Oxford bis Birmingham, hatte ich schon in Stratford bezahlt. In Oxford hatte man mir nichts abgefordert; man braucht also in England, nicht wie bei uns, die Post vorauszubezahlen.

Mein Reisegefährte und ich stiegen im Gasthofe ab, wo die Postkutsche hielt. Wir trennten uns ungern, und ich mußte ihm versprechen, daß ich ihn nach meiner Rückkunft in London besuchen wollte, zu welchem Ende er mir seinen Nahmen und seine Wohnung aufschrieb. Sein Vater war der D. Wilson in London, der in seinem Fache ein berühmter Schriftsteller ist.

Ich erkundigte mich hierauf nach der Wohnung des Herrn Fothergill, an welchen ich empfohlen war; man bezeichnete mir dieselbe, mit dem Zusatze, daß eben dieser Herr Fothergill vor acht Tagen gestorben sey. Da mir also, unter diesen Umständen die Empfehlung an ihn nicht viel nützen konnte, so sah' ich wohl, daß meines Bleibens in Birmingham nicht war.

Ohne mich also hier eine Minute länger aufzuhalten, erkundigte ich mich sogleich nach dem Wege nach Darby, und verließ Birmingham, da ich kaum darinn angelangt war. Von dieser berühmten Stadt, und ihren Fabrik= und Manufakturwesen, kann ich Ihnen also keine Zeile schreiben.

Der Weg von Birmingham aus ist nicht zum besten, sondern ziemlich sandigt. Ich langte denselben Abend noch in einem kleinen Orte, Nahmens Sutton, an, worinn es mir aber auch zum Bleiben zu vernehm aussahe, bis ich ganz am Ende einen kleinen Gasthof antraf, der einen Schwan im Schilde führte, worunter stand, Aulton Brickmaker.

Dieser Gasthof schien etwas Einladendes für mich zu haben, ich ging also hinein, und fragte nicht gleich zuerst, ob ich die Nacht da bleiben könne, sondern for=

derte mir vorher einen Krug Bier (a Point of Ale). Hier hieß ich nun gar nicht anders als Master, und man wies mich in die Küche, wo die Wirthinn an einem Tische saß, und sehr über Zahnschmerzen klagte. Mein Mitleid, daß ich ihr als ein fremder Mensch darüber bezeigte, verschaffte mir bald ihre Gunst, und sie fragte mich selbst, ob ich nicht die Nacht hier bleiben wolle? welches ich bejahte, und so hatte ich denn auf diese Nacht wieder eine Herberge.

Die Gesellschaft, welche ich hier traf, war eine Schornsteinfegerinn mit ihren Kindern, welche mir sogleich sehr freundschaftlich zutrank, und sich mit mir und der Wirthinn unterhielt.

Sie erzählte mir ihre Geschichte, die interessant genug war. Sie hatte nehmlich frühzeitig ihren Mann im Kriege verlohren, und für todt gehalten, worauf sie sieben Jahr in Irrland diente, ohne daß jemand drum wußte, daß sie verheirathet sey. Während der Zeit kömmt ihr Mann, der ein Schornsteinfeger war, wieder nach England, und besetzt sich in Lichfield. Sobald er hier in wohlhabende Umstände kömmt, erkundigt er sich allenthalben nach seiner Frau, erfährt endlich ihren Aufenthalt, und hohlt sie aus Irrland ab. Mit Thränen in den Augen erzählte sie, wie feierlich er sie in Lichfield eingehohlt, und ihr zu Ehren ein ordentliches Fest veranstaltet habe. Hier in Lichfield, daß nur noch ein Paar Meilen von Sutton liegte, und wo ich Morgen durchreisen würde, lebe sie nun mit ihrem Manne, und helfe ihm fleißig arbeiten, sey auch bey allen vornehmen Herrschaften beliebt und angesehen.

Die Wirthinn erzählte mir, während ihrer Abwesenheit als im Vertrauen, daß der Mann dieser Schornsteinfegerinn, so schlecht sie aussähe, seine tausend Pfund im Vermögen hätte, Silberzeug, Zinn und Kupfer ungerechnet; daß er seine silberne Uhr trüge, und wenn er durch Sutton käme, und hier logierte, wie ein Nobleman bezahle.

Ein Nobleman will aber erstaunlich viel sagen, denn in Rücksicht gegen Gentleman, das blos einen feinen Mann bezeichnet, heißt es so viel, als ein Lord oder Graf.

Ferner bemerkte sie, die Frau sey etwas lowlived (von niedrigen Sitten) er aber sey der feinste und artigste Mann von der Welt. Nun bemerkte ich freilich bei der Schornsteinfegerinn etwas sehr grobes in der Aussprache, sie sprach z. B. das Wort old, alt, welches o h l d gelesen werden muß, wie a u l d aus. Sonst bemerkte ich in dieser Entfernung von London noch keine merkliche Abweichung in Ansehung der Aussprache.

Morgen, sagte die Schornsteinfegerinn, sey sie und ihr Mann nicht zu Hause, aber wenn ich durch Lichfield wieder zurückkäme, wollte sie sich die Ehre meines Besuchs ausbitten, zu welchem Ende sie mir denn ihren Nahmen und Wohnung sagte.

Am Abend kam die übrige Familie, ein Sohn und Tochter der Wirthinn zu Hause, welche für ihre kranke Mutter alle mögliche Sorgfalt bezeigten. Ich aß mit der Familie, und man ging hier mit mir um, als ob wir schon Jahre lang zusammen gelebt hätten.

Als ich sagte, daß ich ein Scholar oder Student wäre, erzählte mir der Sohn, hier sey auch eine Grammar School (lateinische Schule) wo sich der Schoolmaster auf zweihundert Pfund (zwölfhundert Thaler) ausser dem Schulgelde stünde. Und dieß war nur in einem Flecken, ich dachte dabei an unsre Grammarschools in Berlin, und an die Besoldungen der dasigen Schoolmasters.

Als ich am folgenden Morgen meine Rechnung bezahlte, merkte ich den ausserordentlichen Abfall gegen Windsor, Nettlebed und Orford. In Orford mußte ich für Abendessen, Bette, und Frühstück wenigstens drei Schillinge bezahlen, und dem Aufwärter einen Schilling geben. Hier bezahlte ich für Abendessen, Bette und Frühstück nur einen Schilling, und als ich der Tochter im Hause, welche ich hier als Chambermaid betrachten mußte, Four pence (ohngefähr zwei Groschen) gab, bedankte sie sich gar höflich, und gab mir noch überdem eine schriftliche Empfehlung an einen Wirth in Lichsield mit, bei dem ich gut würde logieren können, weil sonst die Leute in Lichsield sehr stolz wären. Diese schriftliche Empfehlung war denn ein Meisterstück von orthographischer Schreibart im neuesten Geschmack, wo man nichts schreibt, als was man hört und ausspricht, welches sich

denn vorzüglich im Englischen gar sonderbar
ausnimmt.

Ich nahm aus diesem Hause Abschied, wie
man von guten Freunden Abschied nimmt, und
mit dem gewissen Versprechen, bei meiner Rückreise wieder da einzukehren.

Den Mittag kam ich nach Lichfield, einer
ziemlich altfränkischen Stadt, mit engen und un-
saubern Gassen, und wo ich zuerst wieder runde Fensterscheiben bemerkte, die sonst in England nicht gewöhnlich sind. Der Ort schien mir
etwas unfreundliches zu haben, ich machte also
von meiner Empfehlung keinen Gebrauch, sondern ging gerade durch, und kaufte mir nur in
einem Beckerhause Brod, welches ich mit mir
nahm.

Den Abend kam ich nach Burton, wo
das berühmte Burton Ale gebraut wird. Schon
ehe ich an diese Stadt kam, war ich ziemlich
müde, und nahm mir also vor, die Nacht hier
zu bleiben. Allein wie bald ließ ich diesen Entschluß fahren, da ich nun in die Stadt kam,
und alles wieder ein so vornehmes Ansehn hatte,
als wenn ich in nahe bei London wäre. Und

doch war es hier so kleinstädtisch, daß man auf mich, als einen Fremden, der zu Fuße ging, fast mit Fingern wies. Und nun kam ich dazu durch eine lange Straße, wo es an beiden Seiten vor allen Thüren voller Menschen stand, die mich ordentlich durch ihre neugierigen Blicke Spiesruthen gehen ließen, und immer hinter mir her zischelten,

Alle meine Beruhigungsgründe, daß ich doch ja diese Leute nie wieder sehen würde, eben so wenig, wie sie mich, und dergleichen, halfen nichts; dieser Zustand ward mir beinahe unerträglich, und die Straße ward mir so lang, als ob ich eine Meile gegangen wäre, und ermüdete mich auch eben so sehr. Ich habe auch eine solche verhaßte Aufmerksamkeit auf einen Durchreisenden noch nirgends als hier in Burton gefunden.

Wie froh war ich, als ich mich wieder ausser der Stadt im Freien befand, ob ich gleich nun noch nicht wußte, wo ich die Nacht eine Herberge finden würde, und dazu äusserst ermüdet war.

Ich ging indeß immer auf der Straße nach Darby fort, wohin mich ein Fußweg von Burton aus, über eine sehr angenehme Wiese führte, die durch Verschläge abgetheilt war, wo man sehr oft übersteigen mußte.

Als ich nun eine ganze Strecke gegangen war, ohne an der Heerstraße einen Gasthof anzutreffen, und es auch schon dunkel zu werden anfing, so setzte ich mich endlich bei einem kleinen Zollhause, wo ein Schlagbaum, und für Fußgänger eine kleine Treppe zum Uebersteigen war, auf diese Treppe nieder, um mich auszuruhen, und allenfalls zu versuchen, ob mich der Zöllner beherbergen würde.

Nachdem ich eine ziemliche Weile hier gesessen hatte, kam ein Bauer geritten, und fragte mich, wo ich hinwolle? ich sagte ihm, ich sey so müde, daß ich nicht weiter gehen könne, und den Augenblick erbot sich dieser gutmüthige edle Bauer, von freien Stücken, ohne das geringste Mißtrauen, mich hinter sich auf sein Pferd zu nehmen, und mich bis an den nächsten Gasthof zu bringen, wo ich die Nacht bleiben könne.

Das

Das Pferd war ein ziemlich hoher Gaul, und als ich nicht sogleich hinaufsteigen konnte, kam der Zöllner, ein steinalter Mann heraus, dem ich kaum Kräfte genug zutraute, sich selbst emporzuhalten, und eben dieser Mann faßte mich mit einem Arm, und hob mich mit einem einzigen Schwung aufs Pferd, daß ich nicht wußte, wie mir geschahe.

Und so trabte ich denn mit meinem vortrefflichen Bauer fort, der auch keine einzige neugierige Frage an mich that, sondern mich vor dem Gasthofe absetzte, und darauf links nach seinem Dorfe zuritte.

Dieser Gasthof hieß der Bär, und der Wirth ging umher, und brummte wie ein Bär mit seinen Leuten, so daß ich mir anfangs keine gute Aufnahme versprach, allein ich suchte ihn milde zu machen, indem ich mir einen Krug Ale geben ließ, und ihm ein paarmal zutrank. Dieß Mittel half, und er wurde bald so höflich und gesprächig, daß ich mich recht angenehm mit ihm unterhalten konnte. Ich hatte mir dieß vom Vikar von Wakefield abgemerkt, der auch seine Wirthe immer dadurch gesprächig macht, daß er sie mit sich trinken läßt. Und überdem gewann ich dabei, weil ich selber das starke Ale nicht gut vertragen kann.

Dieser Wirth nannte mich nun wieder Sir, und man mußte mir mit ihm allein einen Tisch decken, denn, sagte er, er sähe wohl, daß ich ein Gentleman wäre.

Wir sprachen darauf sehr viel von Georg dem Zweiten, der sein Favoritkönig war, so wenig Georg der Dritte seine Gunst hatte: unter andern kamen wir auf die Schlacht bei Dettingen, wovon er viel Specialia wußte. Auch mußte ich ihm vom Könige von Preußen und seinen vielen Soldaten, und was bei uns die Schafe kosteten, erzählen. Und als wir darauf noch eine Weile von politischen Sachen gesprochen hatten, fragte er mich auf einmal: ob ich das Waldhorn blasen könne? — dieß vermuthete er deswegen, weil ich aus Deutschland sey, denn er erinnere sich, als er noch ein Knabe gewesen wäre, hätte auch einmal bei seinen Eltern in eben diesem Gasthofe ein Deutscher logiert, und dieser habe das Waldhorn sehr vortrefflich blasen können. Er glaubte alſo, daß dieß eine vorzügliche Eigenſchaft der Deutſchen ſey.

Ich benahm ihm denn dieſen Irrthum, und wir kamen wieder auf die politiſchen Angelegenheiten, indeß ſeine Kinder und Geſinde in einiger Entfernung mit vieler Ehrfurcht unſerm Geſpräche zuhörten.

So brachte ich hier wieder einen ſehr angenehmen Abend zu, und am Morgen, da ich gefrühſtückt hatte, betrug meine Rechnung nicht mehr, als in Sutton.

Nun kam ich endlich am Freitage Morgen in die Heide vor Darby. Es wehte eine milde Luft, und ich war ganz auſſerordentlich heiter und vergnügt.

Gegen Mittag begann die herrliche romantiſche Gegend. Ich kam auf eine große Anhöhe, und ſahe auf einmal eine ganze Perſpektive von Bergen vor mir, wo immer ein Paar nähere noch ein Paar entferntere, und dieſe wieder noch entferntere, zwiſchen dem Raume, der ſie trennte, durchſchimmern ließen.

Und nun hob ſich das Land immer wie eine Welle auf und nieder, auf deren Rücken ich bald emporstieg, und weit um mich her schaute, bald wieder in den tiefen Abgrund mit ihr hinuntersank.

Den Nachmittag sah ich Darby vor mir im Thale: Und nun war ich hundert sechs und zwanzig Meilen von London entfernt. Darby ist eine kleine unansehnliche Stadt. Es war hier gerade Markt, und ich mußte auch durch viele Menschen gehen, aber hier herrschte keine solche verhaßte Neugierde, und beleidigendes Anstaunen, wie in Burton. Auch wurde ich von nun an, wenn ich durch ein Dorf kam, von den Bauerkindern immer sehr höflich gegrüßt.

Von Darby bis nach den Bädern zu Matlock, wo eine der romantischsten Gegenden ist, waren noch funfzehn Meilen. Auf diesem Wege kam ich durch ein langes breites Dorf, welches, glaub' ich, Duffield hieß. Man wies mich hier doch nicht in die Küche, sondern in ein Zimmer, und ich aß hier eine kalte Schale zu Mittage.

Die Kupferstiche und Bilder, welche man gewöhnlich in den Englischen Gasthöfen findet, sind eine Abbildung der ganzen Königlichen Famisie, in einer Gruppe, wo der König sie als ein Vater um sich her versammelt, oder ein Grundriß von London, und auch das Bildniß des Königs von Preußen, welches ich hier verschiednemal gesehen habe. Auch findet man zuweilen eine Hogartsche Scene. Weil es eine große Hitze war, mußte ich in diesem Dorfe einigemal wieder das bemitleidende God Almighthy! hören, wodurch man mich als einen armen Fußgänger bedauerte.

Am Abend kehrte ich wieder in einem Gasthofe an der Heerstraße ein, von welchem es nur noch vier Meilen bis Matlock war. Ich hätte es leicht noch erreichen können, aber ich wollte den ersten Anblick dieser Gegend lieber auf den folgenden Morgen versparen, als in der Dämmerung hinkommen.

Allein in diesem Gasthofe war ich nicht so glücklich, als in den beiden vorigen. Die Küche saß voller Bauern, unter welchen ich den Wirth nicht unterscheiden konnte, dem ich sonst gleich zugetrunken hätte. Nun hörte ich wohl, daß ein Bauermädchen, die auch mit in der Küche war, so oft sie trank, sagte: your Health, gentlemen all!

(Eure Gesundheit, ihr Herrn insgesammt!) allein ich weiß nicht, wie es kam, daß ich vergaß, diese Gesundheit zu trinken, welches mir denn sehr übel aufgenommen ward. Der Wirth trank ein paarmal auf eine spöttische Art meine Gesundheit, gleichsam, um mir meine Unhöflichkeit zu verweisen, und dann fing er an, mich mit den übrigen auszulachen, die fast mit Fingern auf mich zeigten. So mußte ich nun eine Zeitlang den Bauern zum Gespötte dienen, bis endlich doch einer unter ihnen mitleidig sagte: we must do him no Harm, for he is a Stranger! (Wir sollten ihn nicht beleidigen, denn er ist doch ein Fremder!) it is no Harm! sagte der Wirth um sich zu entschuldigen, schien aber doch nun in sich zu gehen, und hörte mit seinen Spöttereien auf, als ich ihm aber nun zutrinken wollte, schlug er es ab, und sagte wieder auf eine spöttische Art zu mir: ich solle mich nur ans Kamin setzen, und mich wärmen, und mich um die Welt nicht bekümmern. Die Wirthinn schien Mitleiden mit mir zu haben, und führte mich aus der Küche in ein andres Zimmer, wo ich allein seyn konnte, indem sie sagte: das ist gottloses Volk!

Ich verließ dieß unfreundliche Haus den folgenden Morgen früh, und nun ging es auf Matlock zu.

Das Ziel meiner Reise, was ich mir nun gesetzt hatte, war die große Höhle bei Kastleton, in dem hohen Peak, von Darbyshire. Bis dahin hatte ich von Matlock noch ohngefähr zwanzig Meilen.

Die Erde bekam hier eine ganz andre Gestalt, als bei Windsor und Richmond. Statt jener grünen Wiesen und sanften Hügel, thürmten sich hier nackte Berge, und himmelhohe Felsen; statt jener angenehmen grünen Hekken, waren hier die hin und her zerstreuten Aecker und Viehweiden mit einem Wall von grauen Steinen eingeschlossen: und von eben diesem grauen Stein, der hier allenthalben gebrochen wird, sind auch die Häuser auf eine sehr einfache patriarchalische Art errichtet, indem die rohen Steine fast ohne alle Zubereitung aufeinandergepackt sind, und vier Wände ausmachen, so daß man sich allenfalls selber mit leichter Mühe ein solches Haus erbauen könnte. In Darby schienen die Häuser von eben diesem Stein erbauet zu seyn.

Die Gegend bey Matlock selbst, übertraf alles, was ich mir davon vorgestellt hatte. Zur rechten Seite waren einige elegante Häuser für die Badegäste, und kleinere Hütten hingen wie Nester an dem hohen Felsen. Zur Linken ergoß sich tief im Grunde ein Fluß, der durch ein majestätisches Gewölbe hoch hinüberragender Bäume beinahe dem Auge verdeckt war. Längst diesem Fluß erstreckte sich über eine Meile weit eine ungeheure Felsenwand, an welcher sich oft versteckte Gänge in dunklem Gebüsch hinaufschlängelten.

Oben war der jähe Felsen mit grünem Gesträuch umkränzt, zuweilen kam ein Schaf oder eine Kuh von der weidenden Heerde an den steilen Abhang, und blickte durch das Gesträuch hinunter.

Ich war in Miltons verlornem Paradies, das ich nach der Reihe durchlese, gerade bis an die Beschreibung des Paradieses gekommen, als ich in diese Gegend kam, und folgende Stelle, die ich nun im Grunde am Ufer des Flusses las, that eine sonderbare Wirkung auf mich, da sie auf die Naturscene, die ich hier vor mir sahe, so sehr paßte, als ob sie der Dichter selbst davon genommen hätte:

— — delicious Paradise,
Now nearer crowns with her Enclosure green,
As with a rural Mound, the Champain
Head
Of a steep Wilderness, Whose hairy sides
With Thicket overgrown, grottesque and wild,
Access denied. — —

Von Matlockbade kömmt man über die Matlockbrücke, erst nach dem Städtchen Matlock selbst, das eigentlich kaum ein Dorf heißen könnte, weil es aus äusserst wenigen schlechten Häusern besteht. In dieser Gegend ist wegen der Bäder beständig viel Reitens und Fahrens, und eine starke Passage.

Von hier kam ich durch einige Dörfer wieder nach einem kleinen Städchen, Nahmens Bakewell. Die ganze Gegend ist hier gebirgigt und romantisch. Oft führte mich mein Weg auf schmalen Steigen, über erstaunliche Anhöhen, wo ich tief im Abgrunde einige kleine Hütten unter mir liegen sahe. Die Einzäunungen der Felder von den aufgeworfenen grauen Steinen, gaben überdem der ganzen Gegend ein wildes Ansehen. Die Berge waren größtentheils nicht mit Bäumen bewachsen, sondern nackt, und man sah in der Ferne die Heerden auf ihren Gipfeln weiden.

Als ich durch eines der Dörfer kam, hörte ich einen großen Bauerjungen mit vieler Neugierde einen andern fragen: ob ich denn nun ein Frenchman sey? gleichsam, als ob er schon lange darauf gewartet habe, einmal ein solches Wunderthier zu sehen, und dieser Wunsch ihm nun gewährt sey.

Als ich durch Bakewell, einen noch unansehnlichern Ort, wie Darby, gekommen war, führte mich mein Weg vor einem ziemlich breiten Flusse vorbei, eine kleine Anhöhe hinauf, wo ein bebautes Feld vor mir lag, das einen unbeschreiblich angenehmen Eindruck auf mich machte, ohne daß ich mir erst die Ursach davon angeben konnte, bis ich mich erinnerte, in meinen Kinderjahren, bei dem Dorfe, wo ich erzogen war, eine fast ganz ähnliche Gegend gesehen zu haben, die ich nun hier mitten in England wieder fand.

Das Feld war nehmlich auf deutsche Art nicht mit Hecken eingezäunt, sondern die Saatfelder wechselten mit allerlei grünlichten und gelblichten Farben ununterbrochen ab, welches ein angenehmes Kolorit gab. Uebrigens aber brachte mir diese ganze Gegend, und tausend Kleinigkeiten, deren ich mich nicht deutlich bewußt war, die Jahre meiner ersten Kindheit ins Gedächtniß zurück.

Ich ruhete mich hier eine Weile aus, und da ich nun wieder fortging, dachte ich an den Ort meines Aufenthals, an alle meine Bekaunte, und auch an Sie, liebster Freund, und dachte, wenn die mich hier so wandern sähen! — und in dem Augenblick fühlte ich erst eigentlich den Gedanken der Entfernung, und daß ich nun in England war, welches eine ganz sonderbare Empfindung bei mir hervorbrachte, die ich nur einigemale in meinem Leben gehabt habe.

Ich kam nun durch noch einen kleinen Ort, Nahmens Ashford, und wollte den Abend noch ein kleines Dorf, Nahmens Wardlow, das nur drei Meilen davon lag, erreichen, als in der Ferne zwei Männer hinter mir herkamen, die ich schon in Matlock gesehen hatte, und welche mich anriefen, daß ich auf sie warten sollte. Dies waren also seit dem Herrn Modd, die ersten Fußgänger, die sich mit mir zu gehen erboten.

Der eine war ein Sattler, und trug eine kurze braune Jacke, eine Handwerksschürze und einen runden Hut, der andre war ordentlich bürgerlich gekleidet, und ein sehr stiller Mann, da hingegen der Sattler äusserst gesprächig war.

Ich horchte hoch auf, da derselbe von Homer, Horaz und Virgil zu sprechen anfing, und Stellen aus dem Gedächtniß daraus anführte, und überhaupt seine Worte so vortrefflich zu setzen wußte, als ich es vielleicht nur irgend von einem Doktor oder Magister in Orford hätte erwarten können. Er rieth mir, nicht nach Wardlow, wo ich schlechte Herberge finden würde, sondern lieber mit ihm noch ein Paar Meilen weiter nach
Tideswell

Tideswell, zu gehen, wo er wohnte. Dieser Nahme Tideswell wird durch eine sonderbare Verkürzung wie Tidsel ausgesprochen, eben so, wie man anstatt Birmingham im gemeinen Leben beständig Brumidschäm ausspricht.

Wir kehrten in einem kleinen Alehause an der Heerstraße ein, wo der Sattler nicht abließ, bis ich ihm verstattete, meine Zeche zu bezahlen, weil er mich diesen Weg mit hergenommen habe.

Nicht weit von diesem Hause kamen wir auf eine Anhöhe, wo mich mein philosophischer Sattler auf eine Aussicht aufmerksam machte, die freilich wohl die einzige in ihrer Art seyn mochte. Wir sahen nehmlich unter uns einen tiefen Abgrund, der wie ein Kessel aus der umgebenden Erdmasse herausgeschnitten war, und auf dem Boden desselben ein kleines Thal, wo der grüne Teppich der Wiese von einem kleinen Flüßchen in schlängelnden Krümmungen durchschnitten wurde, und die reizendsten Spaziergänge waren. Hinter einer kleinen Krümmung blickte ein Haus hervor, wo der Bewohner dieses glücklichen Thales ein großer Naturforscher, ganz sich selbst und seiner Lieblingswissenschaft leben soll. Er hat schon eine große Anzahl fremder Gewächse auf diesen Boden verpflanzt. Mein Begleiter gerieth beinahe in poetische Begeisterung, da er mich auf die Schönheiten dieses Thales aufmerksam machte, indeß unser dritter Mann, dem dieß zu lange dauerte, über den Verzug beinahe etwas unwillig wurde.

Uns führte ein ziemlich steiler Weg in das Thal hinunter, durch welches wir gingen, und auf der andern Seite zwischen den Bergen wieder herauskamen.

Nicht weit von Tideswell verließ uns unser dritter Reisegefährte, der in einem benachbarten Orte wohnte. Als wir nun endlich Tideswell vor uns im Thale liegen sahen, erzählte mir der Sattler von seiner Familie, und daß er sich nie mit seiner Frau gezankt, noch ihr mit der geballten Faust gedrohet, und gesagt habe: thou liest! (du lügst.)

Hierbei muß ich bemerken, daß es in England für die größte Beleidigung gehalten wird, wenn man zu jemanden sagt: du lügst! thou art a Liar, (du bist ein Lügner) ist noch stärker, und thou art a dammned Liar (du bist ein verdammter Lügner) ist das allerstärkste was man jemanden sagen kann.

So wie man also in Deutschland sagt, einer läßt keinen Hundsfott oder Schurken auf sich sitzen, oder so wie dieß bei den Zänkereien die Losung zum Schlagen ist, eben so verhaßt ist auch in England das Wort Lügner, und gleichsam ein Herausforderungszeichen, wodurch der beleidigte Theil zur thätigen Rache gereizt wird.

Unser Jacky in London sahe mich einmal mit großen Augen an, da ich im Scherz zu ihm sagte: thou art a Liar, und ich hatte viel zu thun, ehe ich es wieder bei ihm gut machte.

Wenn man aus dergleichen Kleinigkeiten auf den Charakter einer Nation schließen kann, so scheint mir dieser allgemein eingewurzelte Haß gegen das Wort Lügner keinen schlechten Zug bei der Englischen zu verrathen.

Doch, ich komme wieder auf meinen Reisegefährten, der mir ferner erzählte, wie er sich sein Brod auswärts verdienen müsse, und jetzt nach zwei Monathen zum erstenmal zu seiner Familie wieder zurückkäme.

Er zeigte mir nahe an der Stadt eine Reihe Bäume, die sein Vater gepflanzt habe, und die er nie ohne Rührung ansehe, so oft er von seinen kleinen Reisen wieder in seinen Ort zurück käme. Sein Vater sey ein reicher Mann gewesen, habe aber fast alle sein Vermögen angewandt, um einen Sohn in Amerika zu unterstützen, und seine übrigen Kinder arm hinterlassen, demohngeachtet sey ihm sein Andenken werth, und sein Herz gerührt, so oft er diese Bäume erblicke.

Tideswell bestand aus ein Paar Reihen niedriger Häuser, von unbearbeiteten grauen Steinen erbauet. Mein Begleiter machte mich gleich beim Eingange auf die Kirche des Orts aufmerksam, welche ziemlich ansehnlich, und ohngeachtet ihres Alterthums sehr im modernen Geschmack erbaut war.

Er fragte mich darauf, ob er mich in einen ansehnlichen oder wohlfeilen Gasthof führen solle? Weil ich das letztre verlangte, ging er selbst mit mir in einen kleinen Gasthof, und empfahl mich dem Wirth, als seinen Reisegefährten, zu einer guten Aufnahme.

Man suchte mich denn hier auch recht prächtig zu bewirthen, und machte mir zu dem Ende einen Käse toast; dieß war am Feuer gebratner und halbgeschmolzner Chesterkäse, der wohl ein recht delikates Gericht seyn mag, wovon ich aber zum Unglück keinen Bissen essen konnte, und den Wirth darauf zu Gaste bat, der ihn sich köstlich schmecken ließ. Als ich nun weder Brantwein noch Ale trank, sagte er mir, ich lebte viel zu schlecht für einen Fußgänger, als daß ich Kräfte genug zum Gehen behalten könnte.

Bei dieser Gelegenheit bemerke ich, daß es die Englischen Gastwirthe am Aletrinken wohl nicht fehlen lassen, und daher alle von sehr starker Leibeskonstitution, und insbesondre erstaunlich dick und fett im Gesicht sind, das ihnen von den vielen Ale und Brantweintrinken ganz aufgedunsen ist.

Am folgenden Morgen gab mir meine Wirthinn die Ehre, mit mir Kaffee zu trinken, theilte mir aber bei dieser Gelegenheit Milch und Zucker sehr kärglich mit. Es war Sonntag, und ich ging mit meinem Wirth zu einem Barbier, an dessen Bude stand, Shaving for a Penny (allhier balbiert man für einen Penny). Es waren hier viele Einwohner aus dem Ort versammlet, diese hielten mich für einen Gentleman wegen meines feinen Huts, den ich mir in London für eine Guinee gekauft hatte; und den sie alle nach der Reihe bewunderten. Ein Zeichen, daß der Luxus noch nicht bis hieher gedrungen ist.

Man findet in England ebenfalls bei gemeinen Leuten solche gedruckte Bogen mit allerlei Sittenlehren in den Stuben an den Thüren angeschlagen, wie bei uns. Nur findet man hier zuweilen auf solchen schlechten Bogen die vortrefflichsten und feinsten Sentiments, die dem besten moralischen Schriftsteller Ehre machen würden.

So las ich z. B. hier auf einem solchen gedruckten Blatt an der Stubenthür unter andern die goldne Regel; Make no Comparisons! (macht keine Vergleichungen!) Und wenn man bedenkt, wie viel Zänkereien und Unheil in der Welt eben durch solche verhaßte Vergleichungen der Verdienste oder der Person des einen, mit den Verdiensten oder der Person des andern, u. s. w., entstehen; so ist in den kurzen Worten der bigen Regel die herrlichste Sittenlehre zusammengedrängt;

Ein Mann, dem ich einen Sixpence gab, brachte mich nun aus der Stadt auf den rechten Weg nach Castleton, der neben einer solchen Mauer von unordentlich aufgeworfenen Steinen, wie ich schon beschrieben habe, hinging. Die ganze Gegend war hier bergigt und rauh, und das Erdreich mit braunen Heidekraut bewachsen. Hin und wieder weideten Schaafe.

Ich machte eine kleine Digreſſion auf einen Hügel zur Linken, wo ich eine fürchterlich schöne Ausſicht auf lauter nackte Gebirge in der Nähe und in der Ferne hatte, wovon insbesondre diejenigen, welche ganz mit schwarzen Heidekraut bewachsen waren, einen schaudervollen Anblick gaben.

Hundert und siebenzig Meilen von London hatte ich nun zurückgelegt, als ich eine der höchsten Anhöhen, die vor mir lagen, erstiegen hatte, und nun auf einmal unter mir ein reizendes Thal erblickte, das mit Flüſſen und Bächen durchschnitten, und rund umher von Bergen eingeschloſſen war. In diesem Thale nun lag Cast=

leton, ein kleines Städtchen mit niedrigen Häusern, welches von einem alten Schloſſe, deſſen Ruinen hier noch zu ſehen ſind, ſeinen Nahmen hat, der eigentlich aus Caſtle Town zuſammengezogen iſt.

Ein ſchmaler Weg, der ſich von der Seite des Berges hinunterſchlängelte, führte mich in das Thal hinab, bis in eine Straße von Caſtleton, wo ich eine Herberge fand, in welcher ich geſchwind mein Mittagsmahl hielt, und unmittelbar darauf meinen Weg nach der Höhle fortſetzte.

Ein kleiner Bach, der mitten durch die Stadt fließt, führte mich an ihren Eingang.

Hier ſtand ich eine Weile voller Bewunderung und Erſtaunen über die entſetzliche Höhe des ſteilen Felſen, den ich vor mir erblickte, an beiden Seiten mit grünem Gebüſch bewachſen, oben die zerfallenen Mauern und Thürme eines alten Schloſſes, das ehemals auf dieſem Felſen ſtand, und unten an ſeinem Fuße die ungeheure Oefnung zum Eingange in die Höhle, wo alles ſtockfinſter iſt, wenn man auf einmal von der hellen Mittagsſonne hinunter blickt.

Indem ich so voll Verwunderung da stand, bemerkte ich im dunkeln Eingange der Höhle einen Mann von wilden und rauhem Ansehen, der mich fragte, ob ich die Höhle sehen wollte, wobei seine harte Stimme in der Höhle einen starken Wiederschall gab.

Als ich dieß bejahete, fragte er mich weiter, ob ich auch über die Flüsse gesetzt seyn wollte? und bestimmte zugleich eine Kleinigkeit an Gelde, die ich dafür bezahlen müßte.

Dieser Mann hatte mit seinem schwarzen struppigten Haar, und schmuzigem zerrißnen Anzuge, ein so wildes Charonsmäßiges Ansehen, welches seine Stimme und seine Fragen noch vermehrten, daß die sonderbare Täuschung, worein man beim Anblick dieser Höhle versetzt wird, schon hier ihren Anfang nahm.

Da ich mich zu seiner Forderung verstanden hatte, sagte er, ich sollte ihm nur dreist folgen, und wir traten zusammen in die Höhle.

Zur linken Seite im Eingange der Höhle, lag ein abgehauener Stamm eines Baumes, bei welchem die Knaben des Orts spielten. —

Der Weg ging etwas abschüssig hinunter, so daß sich der Tag, welcher durch die Oefnung beim Eingange hineinfiel, allmälig in Dämmerung verlor.

Und als wir nun einige Schritte vorwärts gegangen waren, welch ein Anblick war es für mich, als ich auf einmal zu meiner rechten Seite unter dem ungeheuren Gewölbe der Höhle ein ganzes unterirrdisches Dorf erblickte, wo die Einwohner, weil es Sonntag war, von ihrer Arbeit feierten, und vergnügt und frölich mit ihren Kindern vor den Thüren ihrer niedrigen Hütten saßen.

Kaum hatten wir diese kleinen Häuser hinter uns zurückgelassen, so erblickte ich hin und her zerstreut eine Menge großer Räder, worauf diese unterirrdischen Bewohner der Höhle am Werkeltage Seile verfertigen.

Ich glaubte hier das Rad des Ixion und die unaufhörliche Arbeit der Danaiden zu sehen.

So wie wir tiefer hinabgingen, schien die Oefnung, wodurch das Tageslicht hineinfiel, immer kleiner zu werden, und die Dunkelheit nahm fast mit jedem Schritte zu, bis endlich nur noch einige Strahlen, wie durch eine kleine Spalte hineinfielen, welche die dünnen Rauchwolken färbten, die sich durch die Dämmerung an das Gewölbe der Höhle emporwälzten.

Dies allmälige Zunehmen der Dunkelheit erweckt eine süße Melancholie, indem man den sanften Abhang der Höhle hinunter geht, als wäre ohne Schmerz und ohne Gram der Lebensfaden abgeschnitten, und wandelte man nun so ruhig dem stillen Lande zu, wo keine Quaal mehr ist. —

Endlich schloß sich das hohe Gewölbe des Felsen, wie sich der Himmel an die Erde zu schließen scheint, als wir an eine kleine Pforte kamen, wo uns eine alte Frau aus einer der Hütten zwei Lichter brachte, wovon jeder von uns beiden eins in die Hand nahm.

Mein Führer eröfnete nun die Pforte, welche die schwache Dämmerung vollends ausschloß, die vorher noch übrig war, und uns in das Innerste dieses nächtlichen Tempels führte, dessen Vorhof wir bis jetzt nur betreten hatten.

Hier war der Felsen so niedrig, daß wir uns einige Schritte tief bücken mußten, um hindurch zu kommen; aber wie groß war mein Erstaunen, da wir uns nach diesem beklemmenden Durchgange wieder in die Höhe richteten, und ich nun auf einmal, so weit es bei dem dunkeln Schein unsrer Lichter möglich war, die entsetzliche Länge, Höhe und Breite des Gewölbes übersehen konnte, wogegen die erste ungeheure Oefnung, durch welche wir nun schon gekommen waren, gar nicht mehr in Betrachtung kam.

Nachdem wir hier eine ganze Stunde, wie unter einem schwarzen mitternächtlichen Himmel, auf einem ebnen sandigten Erdreich gewandert hatten, senkte sich endlich der Felsen allmälig wieder nieder, und wir befanden uns auf einmal an einem ziemlich breiten Flusse, welcher, bei dem Flimmern unsrer Lichter, mitten in der Dunkelheit einen wunderbaren Wiederschein gab.

Am Ufer war ein kleiner Kahn befestigt, in welchem Stroh lag.

Mein Führer sagte mir, daß ich hineinsteigen, und mich ganz ausgestreckt darinn niederlegen sollte, weil in der Mitte des Fluß ses der Felsen beinahe das Wasser berühren würde.

Als ich mich niedergelegt hatte, stieg er selbst bis über den halben Leib ins Wasser, und zog das Boot nach sich.

Rund umher herrschte eine feierliche Todtenstille, und so wie das Boot fortrückte, senkte sich der Felsen, wie eine dunkelgraue Wolke immer tiefer nieder, bis er endlich beinahe mein Gesicht berührte, und ich im Liegen kaum noch das Licht vor meiner Brust in die Höhe halten konnte, so daß ich in meinem Boote, wie in einem beklommenen Sarge lag, bis wir durch diese fürchterliche Enge kamen, und sich der Felsen auf der andern Seite in die Höhe zog, wo mich mein Führer am gegenseitigen Ufer wieder aussetzte.

Unser Weg wurde nun bald auf einmal weit und hoch, und dann wieder plötzlich niedrig und enge.

An beiden Seiten sahen wir im Vorbeigehen eine Menge großer und kleiner versteinerter Pflanzen und Thiere, bei denen wir uns aber nicht aufhalten durften, wenn wir nicht mehrere Tage in der Höhle zubringen wollten.

Und so kamen wir an den zweiten Fluß, der aber nicht so breit war, wie der erste, und wo man gleich das gegenseitige Ufer sehen konnte: über diesen trug mich mein Führer auf seinen Schultern hinüber, weil kein Boot zum Ueberfahren da war.

Von da aus gingen wir wenige Schritte, als wir wieder an ein schmales Wässerchen kamen, das sich in der Länge vor uns hin erstreckte, und uns zuletzt bis ganz ans Ende der Höhle führte.

Der Weg, den wir längst dem Ufer dieses kleinen Gewässers hingingen, war naß und schlüpferig, und wurde zuweilen so schmal, daß man kaum einen Fuß vor dem andern fortsetzen konnte.

Demohngeachtet aber wanderte ich mit Vergnügen an diesem unterirrdischen Ufer hin, und ergötzte mich an der wunderbaren Gestalt aller Gegenstände um mich her in diesem Reiche der Dunkelheit und der Schatten, als es auf einmal wie eine Musik von fern in meine Ohren tönte.

Ich blieb voller Verwunderung stehen, und fragte meinen Führer, was dieß bedeute? worauf er mir antwortete: daß ich es bald sehen würde.

Allein so wie wir fortgingen, verloren sich die harmonischen Töne, das Geräusch wurde schwächer, und löste sich in ein sanftes Rieseln, wie von herabfallenden Regentropfen, auf.

Und wie groß war meine Verwunderung, da ich auf einmal wirklich einen Regen, oben aus einem Felsen, wie aus einer dicken Wolke herabströmen sahe, dessen Tropfen, die jetzt im Schein unsrer Lichter flimmerten, eben jenes melodische Geräusch in der Ferne verursacht hatten.

Dieß war nehmlich ein Staubbach, der sich von oben durch die Adern des Felsen in dieß Gewölbe hinunter ergoß.

Wir durften mit unsern Lichtern nicht zu nahe herangehen, weil sie leicht von den herabfallenden Tropfen konnten ausgelöscht werden, und wir alsdann den Rückweg vielleicht vergeblich würden gesucht haben.

Wir setzten also unsern Weg längst dem Ufer des schmalen Gewässers fort, und sahen oft an den Seiten solche weite Oefnungen in die Felsenwand, welche wiederum neuen Höhlen ähnlich waren, die wir aber alle vorbeigingen, bis mich mein Führer zu einer der prächtigsten Erscheinungen vorbereitete, die wir jetzt haben würden.

Und kaum waren wir auch einige Schritte gegangen, so traten wir in einen majestätischen Tempel mit prächtigen Bogen, die auf schönen Pfeilern ruhten, welche die Hand des künstlichsten Baumeisters gebildet zu haben schien.

Dieser unterirrdische Tempel, woran keine Menschenhand gelegt war, schien mir in dem Augenblick an Regelmäßigkeit, Pracht und Schönheit, die herrlichsten Gebäude zu übertreffen.

Voll Ehrfurcht und Erstaunen sah ich hier in den innern Tiefen der Natur die Majestät des Schöpfers enthüllt, die ich in dieser feierlichen Stille, und in diesem heiligen Dunkel anbetete, ehe ich die Halle dieses Tempels verließ.

Wir näherten uns nun dem Ziele unsrer Reise.

Unser getreues Gewässer leitete uns durch den übrigen Theil der Höhle hin, wo sich der Felsen noch zum letztenmale wölbt, und dann wieder niedersteigt, bis er mit der Fluth zusammenstößt, die hier einen kleinen halben Cirkel macht, und so die Höhle schließt, daß kein Sterblicher einen Fuß weiter setzen kann.

Mein Führer sprang hier hinein, schwamm einige Schritte unter dem Wasser und dem Felsen hin, und kam ganz benetzt zurück, um mir zu zeigen, daß es unmöglich sey, weiter zu kommen, wenn dieser Felsen nicht etwa einmal mit Pulver gesprengt, und vielleicht eine zweite Höhle hier eröffnet wird.

Jetzt glaubte ich, würden wir den nächsten Weg wieder zurücknehmen, allein ich sollte noch mehr Beschwerlichkeiten erdulden, und noch schönere Auftritte sehen, als die bisherigen.

Mein Führer wandte sich auf dem Rückwege zur linken Hand, wo ich ihm durch die Oefnung einer hohen Felsenwand folgte.

Hier fragte er mich erst, ob ich mich entschließen wollte, eine ziemliche Strecke unter einem Felsen durchzukriechen, der beinahe die

P

Erde berührte, und als ich dieß bejahete, sagte er mir, ich solle ihm nur folgen, mit der Warnung, mein Licht wohl in Acht zu nehmen.

Und so krochen wir nun auf Händen und Füßen im nassen Sande durch die Oefnung zwischen dem Felsen fort, die oft kaum groß genug war, sich mit dem Körper hindurchzuwinden.

Als wir diesen beschwerlichen Durchmarsch vollendet hatten, sahe ich in der Höhle einen steilen Hügel, der so hoch war, daß er sich oben in den höchsten Felsen wie in einer Wolke zu verlieren schien.

Dieser Hügel war so naß und schlüpfrig, daß ich sogleich hinstürzte, als ich nur den ersten Schritt hinauf thun wollte. Mein Führer aber faßte mich bei der Hand, und sagte, ich sollte ihm nur folgen, weil er schon wüßte festen Fuß zu fassen.

Wir stiegen nun eine solche Höhe hinauf, und an beiden Seiten waren solche Abgründe, daß mir noch schwindelt, wenn ich daran denke.

Als wir endlich auf dem Gipfel waren, wo sich der Hügel in dem Felsen verliert, stellte mich mein Führer auf einen Platz, wo ich festen Fuß faſſen konnte, und ſagte mir: ich ſollte da nur ganz ruhig ſtehen bleiben. Indeß gieng er ſelbſt mit ſeinem Lichte den Hügel hinunter, und ließ mich ganz allein.

Ich verlor ihn eine Zeitlang aus dem Geſichte, bis ich endlich nicht ihn, ſondern ſein Licht tief im Abgrunde wieder erblickte, woraus es wie ein ſchöner Stern emporzuſteigen ſchien.

Nachdem ich mich eine Weile an dieſen unbeſchreiblich ſchönen Anblick ergötzt hatte, kam mein Führer, und brachte mich den ſteilen ſchlüpfrigen Hügel auf ſeinen Schultern glücklich wieder hinunter. Und als ich nun im Abgrunde ſtand, ſtieg er hinauf, und ließ ſein Licht oben durch eine kleine Oefnung in dem Felſen hinunterſchimmern, indeß ich das meinige mit der Hand verdeckte, und nun war es, als ob in dunkler Mitternacht, durch dicke Wolken ein Stern hinunter glänzte: ein Anblick, der alles an Schönheit übertraf, was ich geſehen hatte.

Nun war unſre Reiſe ganz vollendet, und wir kehrten mit vieler Mühe und Beſchwerlichkeit durch unſern engen Weg wieder zurück.

Wir betraten aufs neue den Tempel, den wir vor kurzem verlaſſen hatten; hörten aufs neue den Regenguß, ſanft rieſelnd in der Nähe, und melodiſch tönend in der Ferne, und kehrten über die ſtillen Flüſſe, und durch den weiten Raum der Höhle, wieder zu dem engen Pförtchen zurück, wo wir vorher vom Tageslichte Abſchied nahmen, das wir nun nach einer langen Dunkelheit wieder begrüßten.

Und ehe noch mein Führer das Pförtchen eröffnete, ſagte er, jetzt würde ich einen Anblick haben, der alle die vorigen an Schönheit weit übertreffen würde. Ich fand, daß er Recht hatte; denn indem er die Pforte erſt halb eröffnete, war es mir wirklich, als thäte ich einen Blick in Elyſium, in einem ſolchen wunderbaren erquickenden Dämmerlichte zeigten ſich alle Gegenſtände.

Der Tag ſchien allmälig anzubrechen, und Nacht und Dunkel ſchwanden. In der Ferne ſahe man zuerſt wieder den Rauch der Hütten, und dann die Hütten ſelber; und wie wir höher hinaufſtiegen, ſahen wir noch die Knaben bei dem abgehauenen Stamme ſpielen, bis endlich die röthlichen Purpurstreifen des Himmels durch die Oefnung der Höhle schimmerten, und gerade indem wir hinausstiegen, die Sonne im Westen untersank.

Ich hatte also beinahe den ganzen Nachmittag bis an den Abend in der Höhle zugebracht, und als ich mich nun betrachtete, sahe ich in meinem ganzen Aufzuge meinem Führer ziemlich ähnlich, und meine Schuh hingen kaum noch an den Füssen, so sehr waren sie durch das lange Gehen im feuchten Sande und auf den harten spitzigen Steinen erweicht und zerrissen.

Ich bezahlte für das Herumführen nicht mehr als eine halbe Krone, und meinem Führer ein Trinkgeld: denn die halbe Krone bekömmt er nicht, sondern muß sie seinem Herrn geben, der von den Revenüen dieser Höhle sehr stattlich lebt, und sich einen Kerl hält, der die Leute darinn herumführt.

Als ich zu Hause kam, schickte ich sogleich nach einem Schuster. Dieser wohnte gerade gegenüber, und kam, um meine Schuh in Augenschein zu nehmen, wobei er sich nicht gnug über die schlechte Arbeit daran verwundern konnte;

denn ich hatte diese Schuh noch aus Deutschland mitgebracht. Demohngeachtet aber, weil er gerade keine neuen fertig hatte, unternahm er es, sie so gut wie möglich auszubessern.

Ich machte darauf mit diesem Schuster eine gar angenehme Bekanntschaft: denn als ich ihm meine Verwunderung über die Höhle bezeigte, freute er sich darüber, daß doch in diesem kleinen Orte etwas sey, welches Leuten, die aus so weit entfernten Ländern herkämen, Bewunderung einflößte. Und darauf erbot er sich selbst, noch einen kleinen Spaziergang mit mir zu machen, um mir in der Nähe den berühmten Berg zu zeigen, welcher Mam Tor genannt, und unter die Naturmerkwürdigkeiten in Darbyschire gezählt wird.

Dieser Berg ist auf seinem Rücken und Seiten grün bewachsen, allein an dem einen Ende hat er auf einmal einen jähen Absturz. Nun besteht aber das Innere dieses Berges, nicht so wie der übrigen, aus Felsen, sondern aus einer lockern Erde, die sich immer von selber ablößt, und beständig von der Spitze dieses jähen Absturzes bald in kleinen Stücken herunterrieselt, bald sich in großen Maſſen mit einem donnernden Getöſe losreißt, und auf die Weiſe neben dieſem Berge einen Hügel bildet, der immer höher anwächſt.

Daher kömmt auch wahrſcheinlich der Nahme Mamtor, welcher ohngefähr ſo viel ſagen will, als Mutterberg. Denn tor iſt eine Abkürzung von tower, und bedeutet jede Anhöhe. Mam aber iſt eine gewöhnliche Abkürzung von Motner, Mutter; nun aber gebiert dieſer Berg gleichſam wie eine Mutter wieder kleine Berge.

Ein Aberglaube iſt es wohl, wenn die Einwohner ſagen, daß dieſer Berg ohngeachtet ſeines täglichen Verluſtes nie abnehme, noch ſich zurückziehe, ſondern immer ſo bleibe, wie vorher.

Eine fürchterliche Geſchichte erzählte mir mein Begleiter, von einem Einwohner von Caſtleton, der eine Wette einging, dieſen jähen Abſturz hinaufzuſteigen.

Weil der Abſturz unten nicht ſo ganz ſteil iſt, ſondern etwas ſchräg in die Höhe geht, ſo konnte er in dem weichen loſen Erdreiche gut feſten Fuß faſſen, und kletterte immer hinan,

ohne sich umzusehen. Endlich war er weit über
die Hälfte hinaufgestiegen, und kam dahin, wo
sich der Absturz hinüberneigt, und seine eigne
Basis übersieht. Von dieser entsetzlichen Höhe
warf der Unglückliche seine Augen hinunter, indeß die drohende Spitze des Absturzes mit wan-
kenden Erdmassen über seinem Haupte hing.

Er fing am ganzen Körper an zu zit-
tern, Hände und Füße waren schon im Begriffe
loszulassen, und er wagte es, weder vorwärts
noch rückwärts zu steigen: so schwebte er eine
Weile mit Verzweiflung umgeben, zwischen
Himmel und Erde. Indeß da seine Sehnen nicht
mehr halten wollten, raffte er noch einmal alle
seine Kräfte zusammen, und ergriff einen losen
Stein nach dem andern, wovon jeder ihn fallen
zu lassen drohte, wenn er nicht schnell einen andern ergriff, auf welche Weise er denn zu seiner
und aller Zuschauer Verwunderung, dem beinahe
gewissen Tode entging, glücklich die Spitze des
Berges erreichte, und seine Wette gewann.

Mich schauderte, da ich diese Erzählung
hörte, und den Berg und den ungeheuren Absturz, wovon die Rede war, selbst so nahe vor

mir, und den Kerl in Gedanken hinaufklettern sahe.

Nicht weit von hier ist Eldenhole, ein fürchterliches Loch in der Erde, von so ungeheurer Tiefe, daß wenn man einen Kieselstein hineinwirft, und das Ohr an den Rand legt, man denselben lange Zeit fallen hört.

Sobald der Stein hinunterkömmt, ist's, als ob man einen seufzenden Laut hörte, bis der erste Schlag das Ohr wie ein unterirrdischer Donner rührt. Dieses donnernde Getöse nimmt ab und zu, nachdem der Stein an die harten Felsenwände schlägt, und endlich nachdem er lange gefallen ist, hört plötzlich das Getöse mit einem Gezisch auf.

Das Volk trägt sich auch hiervon mit allerlei abergläubischen Erzählungen; daß nehmlich einer eine Gans hineingeworfen habe, die zwei Meilen davon, in der großen Höhle, die ich beschrieben habe, ganz nackt und von Federn entblößt wieder hervorgekommen sey, und mehr dergleichen Mährchen.

Eigentlich zählt man in Darbyschire sieben Wunder der Natur, wozu denn dieß Eldenhole, der Berg Mamtor, und die große Höhle, worinn ich gewesen bin, gehören. Diese Höhle wird hier mit einem ziemlich schmuzigen Nahmen, the Devils Arse, benannt.

Die übrigen vier Wunder der Natur sind die Poolshöhle, welche mit der meinigen einige Aehnlichkeit hat, die ich aber nicht gesehen habe: ferner St. Anna'swell, oder der St. Annenbrunnen, wo dicht nebeneinander zwei Quellen, die eine siedend heiß und die andre eiskalt, entspringen; alsdann noch Tideswell, nicht weit von der Stadt, durch welche ich gekommen bin, eine Quelle, die sich die mehreste Zeit fast ganz unmerklich ergießt, und dann auf einmal mit einem starken unterirrdischen Getöse, das auch etwas musikalisches haben soll, hervorbricht, und ihre Ufer überschwemmt; endlich Chatsworth, ein Pallast am Fuß eines Berges, der oben mit Schnee bedeckt ist, und den traurigsten Winter darstellt, indeß zu seinen Füßen der angenehmste Frühling blühet. Von diesen letztern Wundern kann ich Ihnen nichts mehr sagen, weil ich sie alle nur aus Erzählungen kenne, womit mich theils auch mein Begleiter der Schuster, während unsers Spazierganges unterhielt.

Indem mich dieser Mann hier herumführte, und erwägte, wie weit ich nun schon in der Welt gekommen sey, und was für wunderbare Dinge ich weit und breit zu sehen bekomme, erregte dieß bei ihm eine so lebhafte Begierde zum Reisen, daß ich genug zu thun hatte, sie ihm wieder auszureden: denn er konnte den ganzen Abend nicht davon aufhören, und betheuerte, wenn er nicht Weib und Kind hätte, er reißte Morgen im Tage fort; denn hier in Castleton sey so nicht viel zu verdienen, und sehr schlechte Nahrung, und er sey noch nicht dreißig Jahr alt.

Auf dem Rückwege wollte er mir noch die Bleiminen zeigen, allein es war schon zu spät. Er stellte mir den Abend noch meine Schuh auf eine meisterhafte Art wieder her.

Ich aber habe aus der Höhle einen Husten mitgebracht, der mir gar nicht gefällt, und mir viel Beschwerlichkeit verursacht, welche mich vermuthen läßt, daß man doch in dieser Höhle wohl ungesunde Dämpfe einathmen müsse, aber denn begreife ich nur nicht, wie der Charon es so lange aushalten kann.

Heute Morgen bin ich schon früh aufgestanden, um die Ruinen zu besehen, und einen danebenliegenden sehr hohen Berg zu besteigen.

Die Ruinen stehen gerade über dem Eingange der Höhle auf dem Hügel, der sich noch weit hinter den Ruinen über die Höhle hin erstreckt, und immer breiter wird, hier vorn aber so schmal ist, daß das Gemäuer den ganzen vordern Theil desselben einnimmt.

Von den Ruinen herab ist rund umher nichts als steiler Felsen, so daß kein Zugang zu demselben ist, als nach der Stadt zu, wo ein krummer Weg, vom Fuße des Berges an, in den Felsen gehauen ist, der auch sehr steil hinaufgeht.

Der Platz, wo die Rudera stehen, ist mit sehr hohen Nesseln und Disteln bewachsen. Ehemals soll eine Brücke von einem Felsen zu den gegenüberstehenden gegangen seyn, wovon man noch Spuren entdeckt, indem man in dem Thale, das die beiden Felsenspitzen trennt, die Ueberbleibsel von Bogen findet, auf welchen diese Brücke geruht haben soll.

Dieses Thal welches hinter den Ruinen befindlich ist, und wahrscheinlich oben über der Höhle weggeht, heißt the Caves Way (der Höhlenweg), und ist eine der stärksten Passagen zu der Stadt; und wo es in der Ferne anfängt, sich erst zwischen diesen beiden Bergen, die es von einander trennt, zu senken, läßt es sich so sanft heruntersteigen, daß der Weg nicht im mindesten ermüdet. Verfehlt man aber diesen Weg zwischen den beiden Bergen, und geht oben in der Höhe fort, so ist man in großer Gefahr von dem immer steiler werdenden Felsen hinunter zu stürzen.

Der Berg, worauf die Ruinen stehen, ist allenthalben felsigt, der andre aber linker Hand daneben, welcher durch das Thal abgesondert wird, ist überall grün, und oben auf dem Gipfel desselben sind die Viehweiden, durch nach Art einer Mauer aufgeworfne Steine, abgetheilt. Der grüne Berg aber ist wenigstens dreimal so hoch, wie der, auf dem die Ruinen stehen.

Ich fing an, den grünen Berg hinauf zu klettern, der doch auch ziemlich steil ist, und als ich nun weit über die Hälfte gekommen war, ohne mich umzusehen, ging es mir beinahe wie dem Wagehalse, der den Mamtorberg hinaufkletterte: denn als ich mich umsahe, war mein Auge nicht an die entsetzliche Höhe gewöhnt; Castleton lag mit der ganzen umliegenden Gegend, wie eine Landcharte unter mir, die Dächer der Häuser schienen beinahe dicht auf der Erde, und der Ruinenberg selber zu meinen Füßen zu liegen.

Mir schwindelte vor diesem Anblick, und ich hatte alle mögliche Vernunftgründe nöthig, um mich zu überzeugen, daß ich ohne Gefahr sey, denn ich konnte ja auf alle Fälle, den grünen Rasen, welchen ich hinaufgeklettert war, nur wieder hinunterrutschen. Endlich gewöhnte ich mich an diesen Anblick, bis er mir wirklich Vergnügen machte. Ich kletterte nun ganz bis auf den Gipfel des Berges, wo ich über die Wiesen hinging, und endlich an den Weg kam, der sich zwischen den beiden Bergen allmälig hinuntersenkt.

Oben auf dem Gipfel des grünen Berges melkten die Hirtinnen ihre Kühe, und kamen dann mit den Milcheimern auf den Köpfen eben diesen Weg herunter.

Eine schöne Gruppe war es, da sich einige dieser Mädchen, indem es an zu regnen fing, mit ihren Milcheimern unter ein überhangendes Felsenstück am Wege geflüchtet hatten, worunter sie auf natürlichen steinernen Bänken saßen, und vertraulich mit einander schwatzten.

Mein Weg führte mich wieder in die Stadt, woraus ich Ihnen schreibe, und die ich nun im Begriff bin zu verlassen, um meine Rückreise nach London anzutreten, wozu ich aber wohl nicht ganz denselben Weg wieder nehmen werde.

Northhampton, den 5ten Juli.

Da ich von meinem Schuster in Castleton, der gar zu gerne mit mir gereißt wäre, Abschied genommen hatte, so ging ich nun nicht auf Tideswell, sondern Wardlow, welches näher ist, wieder zurück.

In dieser Gegend traf ich einen einzelnen Gasthof, wo nur die Frau zu Hause war, die mir erzählte, daß ihr Mann in den Bleiminen (Lead Mines) arbeite, und daß die Höhle von Castleton, und alles was ich gesehen habe, gegen diese Leadmines gar nicht in Betrachtung komme. Ihr Mann könne mich darinn herumführen.

Da ich ihr mein Mittagsessen bezahlen wollte, machte sie mir den Einwurf, daß ich keinen Ale und keinen Branntwein getrunken habe, wovon sie eigentlich ihren Verdienst haben müsse, und mir also nicht gut die Rechnung machen könne, worauf ich mir denn einen Krug Ale geben ließ, ohne ihn zu trinken, um ihre Rechnung zu berichtigen.

In eben diesem Gasthofe bekam ich meinen Wirth aus Tideswell wieder zu sehen, der aber nicht, wie ich zu Fuß gegangen, sondern sehr stolz geritten kam.

Da ich nun von da weiter ging, und die Berge wieder vor mir aufstiegen, welche mir von meiner Hinreise noch bekannt waren, las ich gerade im Milton die Schöpfungsscene, welche der Engel dem Adam schildert, wie sich das Wasser senkt, und die nackten Berge ihren breiten Rücken emporheben.

> Immediately the Mountains huge appear
> Emergent, and their broad bare Backs upheave
> Into the Clouds, their Tops ascend the Sky.

Mir war es, indem ich diese Stelle las, als ob alles, was um mich her war, erst wurde, und die Berge schienen wirklich vor meinen Augen emporzusteigen, so lebhaft wurde mir diese Scene.

Etwas ähnliches empfand ich bei meiner Herreise, da ich gerade einem Berge gegenüber saß, dessen Spitze blos mit Bäumen bewachsen war, und im Milton die kolossalische Beschreibung von dem Streit der Engel las, wo die abgefallenen Engel ihre Gegner mit einem starken Bombardement angreifen, diese sich aber dagegen vertheidigen, indem ein jeder einen Berg gleichsam oben beim Schopf ergreift, ihn mit der Wurzel ausreißt, und so in seinen Händen aufgehoben trägt, um ihn auf die Feinde zu schleudern.

Q

— — they ran, they flew
From their Foundations loof'ning to and
fro
They pluck't the feated Hills with all their
Load,
Rocks, Waters, Woods, and by the fhaggy
Tops
Uplifting bore them in their Hands. — —

Mir däuchte, als fähe ich den Engel ſtehen, wie er den Berg, der vor mir lag, in den Lüften ſchüttelte.

Als ich den Abend, da es ſchon dunkel war, in das letzte Dorf vor Matlock kam, entſchloß ich mich die Nacht da zubleiben, und erkundigte mich nach dem Gaſthofe, von dem man mir ſagte, daß er am Ende des Dorfs ſey. Allein ich ging beinahe bis um Mitternacht, ehe ich an das Ende des Dorfs kam, das faſt gar kein Ende zu haben ſchien. Bei meiner Herreiſe mußte ich entweder nicht auf dieß Dorf zugekommen, oder auf ſeine Länge gar nicht aufmerkſam geweſen ſeyn.

Ermüdet und halb krank kam ich endlich in dem Gaſthofe an, wo ich mich in der Küche ans

Feuer setzte, und zu essen verlangte. Als man mir sagte, ich könne kein Bette bekommen, ließ ich mich schlechterdings nicht wieder wegtreiben, sondern sagte, ich wolle die Nacht beim Kaminfeuer sitzen bleiben, welches ich denn auch that, und mich mit dem Kopfe auf den Tisch legte, um zu schlafen.

Da man nun glaubte ich schliefe, hörte ich in der Küche über mich deliberiren, was ich wohl für ein Mensch seyn möge. Eine Frau nahm meine Parthei, und sagte: I dare say, he is a well bred Gentleman, (ich glaube er ist ein Mensch von gutem Stande); eine andre widerlegte sie damit, daß ich zu Fuße ginge, und sagte: he is a poor travelling Creature! (er ist ein armes herumwanderndes Geschöpf). Von diesem poor travelling Creature gellen mir noch die Ohren, wenn ich daran denke, denn es scheint mir alles Elend eines Menschen, der nirgends eine Heimath hat, und die Verachtung der er ausgesetzt ist, in kurzen Worten auszudrücken.

Endlich, als man sahe, daß ich doch einmal da blieb, gab man mir ein Bette, als ich es gar nicht mehr vermuthete. Und da man am Morgen einen Schilling von mir forderte, gab ich ihnen eine halbe Krone, worauf ich mir nichts wieder herausgeben ließ, um das poor travelling Creature von mir abzuwälzen. Man entließ mich darauf mit vieler Höflichkeit und Entschuldigungen, und ich setzte nun vergnügt meinen Weg weiter fort.

Als ich durch Matlock gekommen war, ging ich nicht wieder auf Darby, sondern links auf Nottingham zu. Hier verlohren sich allmälig die Berge, und mein Weg führte mich wieder über Wiesen und Felder.

Hier muß ich noch erinnern, daß Peak eigentlich eine Spitze oder Gipfel heißt; der Peak oder hohe Peak von Darbyschire will also so viel sagen, als der Theil dieser Provinz, wo sie am gebirgigsten ist, oder ihre Berge am höchsten sind.

Gegen Mittag kam ich doch wieder auf eine Anhöhe, wo ich einen einzelnen Gasthof traf, der eine sonderbare Inschrift auf dem Schilde führte, die in Reimen war, und sich mit den Worten endigte, refresh, and then go on! (erfrische dich, und dann reise weiter.

Oben über dem Schilde stand, Entertainment for Horse and Man (Bewirthung für Roß und Mann), welches ich an mehrern Schilden gelesen habe. Sonst ist Dealer in foreign Liquors die gewöhnlichste Inschrift an den kleinen Gasthöfen.

Ich aß hier zu Mittage, und bekam ein Stück kaltes Fleisch und Sallat. Dieses oder Eier und Sallat, war mein gewöhnliches Abend- und Mittagessen, in den Gasthöfen, wo ich einkehrte, selten erhielt ich einmal etwas warmes. Den Sallat, wozu ich alle Ingredienzien bekam, mußte ich mir immer selber machen, welches hier so gebräuchlich ist.

Mein Weg war ziemlich angenehm, aber die Gegend hier eben nicht sehr abwechselnd. Indeß war ein gar schöner Abend, und da ich kurz vor Sonnenuntergang durch ein Dorf kam, grüßten mich verschiedne Leute, die mir begegneten, damit, daß sie sagten: fine night oder fine Evening! (Ein schöner Abend!) — So pflege ich auch zuweilen von Leuten, die mir begegnen, gegrüßt zu werden, indem sie sagen: how do yo do? (Was macht ihr?), worauf' man denn antwortet: I thank you! — Diese Art zu grüßen muß einem Fremden sehr sonderbar vorkommen, der von einem Menschen, den er in seinem Leben nicht gesehen hat, auf einmal gefragt wird, was er mache, oder wie er sich befinde?

Als ich durch das Dorf war, kam ich über ein grünes Feld, wo ich an der Seite wieder einen einzelnen Gasthof antraf. Die Wirthinn saß am Fenster, ich fragte sie, ob ich die Nacht da bleiben könne, sie sagte, nein! und schob mir das Fenster vor der Nase zu.

Hierbei fielen mir alle die Begegnungen von der Art wieder ein, denen ich hier schon ausgesetzt gewesen war, und ich konnte mich hier nicht enthalten, meinen Unwillen über die Inhospitalität der Engländer laut zu äußern, der sich aber doch bald wieder legte, da ich weiter ging, und die Fälle, wo ich gut aufgenommen war, dagegen rechnete.

Endlich kam ich noch früh genug an einen andern Gasthof, auf dessen Schilde stand: Navigation Inn (Schifferherberge), weil die Kohlenschiffer von der Trent hier ihre Niederlage haben.

Eine wildere, rauhere Art von Menschen habe ich denn noch nie gesehen, als diese Kohlenschiffer, welche ich hier in der Küche versammlet antraf, und in deren Gesellschaft ich jetzt den Abend zubringen mußte.

Ihre Stimme, ihre Kleidung, ihr Ansehen, alles war rauh und fürchterlich, und ihre Ausdrücke noch mehr; denn fast kein Wort ging ihnen aus dem Munde, wo sie nicht ein God damm me! hinzusetzten, und so dauerte das Fluchen, Zanken und Schwören in einem fort; mir aber that keiner von ihnen etwas zu leide, sondern jeder trank meine Gesundheit, und ich nahm mich denn auch wohl in Acht, nicht zu vergessen, wieder ihre Gesundheit zu trinken, denn meine Begegnung von dem Wirth in dem Gasthofe bei Matlock war mir noch im frischen Andenken; so oft ich also trank unterließ ich nicht zu sagen: Your Health Gentlemen all!

Wenn sich ein Paar Engländer zanken, so scheint doch alles mehr in Thaten, als in Worten zu bestehen, sie sprechen wenig, und wiederholen oft das Gesagte, mit einem hinzugefügten God damm you! Ihr Zorn kocht inwendig, und bricht bald in Thätlichkeiten aus.

Die Wirthinn, welche mit in dieser Gesellschaft in der Küche saß, war demohngeachtet koeffirt, und that ziemlich vornehm.

Nachdem ich gegessen hatte, eilte ich, zu Bette zu kommen, schlief aber ziemlich unruhig, weil die Schiffer fast die ganze Nacht hindurch lermten und tobten. — Am Morgen, da ich aufstand, war keiner mehr von ihnen zu hören und zu sehen.

Ich hatte nun nur noch einige Meilen bis Nottingham, das ich gegen Mittag erreichte.

Dieß schien mir unter allen Städten, die ich außer London gesehen habe, die schönste und netteste zu seyn. Alles hatte hier ein modernes Ansehen, und ein großer Platz in der Mitte gab kaum einem Londner Square an Schönheit etwas nach.

Aus der Stadt führt ein schöner Fußweg über die Wiese nach der Heerstraße zu, wo über die Trent eine Brücke geht. Nicht weit von dieser Brücke war ein Gasthof, wo ich zu Mittag aß, aber nichts wie Brodt und Butter bekommen konnte, wovon ich mir denn einen Toast machen ließ.

Nottingham liegt in der Höhe, und nahm sich in der Ferne mit seinen netten hohen Häusern, rothen Dächern, und Thürmen ganz vortrefflich aus. Noch von keiner Stadt in England habe ich einen so schönen Prospekt gesehen.

Ich kam nun durch viele Dörfer, als Rudbington, Bradmore, Bunny, nach Costal, wo ich die Nacht blieb.

Diesen ganzen Nachmittag hörte ich von den Dörfern ein Geläute, welches vielleicht irgend ein Fest anzeigte, das hier gefeiert wurde. Es war ein trüber Himmel, ich fühlte mich etwas krank, und dieß Geläute machte mich noch dazu schwermüthig und melancholisch.

In Castol waren drei Gasthöfe dicht neben einander, in welchen, schon nach dem äußern der Häuser zu urtheilen, die äußerste Armuth herrschte. In dem, worinn ich einkehrte, war nur die Frau allein zu Hause. Noch ein kranker Fleischer, und ein kranker Fuhrmann kehrten hier den Abend ein, also kamen hier lauter Kranke zusammen, wodurch ich noch schwermüthiger wurde. Ich fühlte den Abend eine Art von Fieber, schlief die Nacht unruhig, und blieb den andern Morgen sehr lange im Bette liegen, bis mich die Wirthinn weckte, indem sie sagte, sie sey meinetwegen besorgt gewesen. Nun nahm ich mir auch vor, von Leicester aus, mit der Postkutsche zu fahren.

Ich hatte nur noch vier Meilen bis Loughborough, einer kleinen nicht sehr ansehnlichen Stadt, wo ich erst spät um Mittag ankam, und mir in dem letzten Gasthofe auf dem Wege nach Leicester zu, zu essen geben ließ. Hier begegnete man mir wider Vermuthen zum erstenmale wieder wie einem Gentleman, und ließ mich in dem Parlour oder Fremdenzimmer essen.

Von Loughborough (Lofborro) bis Leicester (Lester) waren nur noch zehen Meilen, aber der Weg sehr sandigt und unbequem zu gehen.

Ich kam durch einen Flecken, Nahmens Mountsorrel, der vielleicht von einem kleinen Hügel am Ende desselben seinen Nahmen hat. Uebrigens war bis Leicester eine große Ebne.

Gegen Abend kam ich auf einer angenehmen Wiese vor Leicester an, über welche mich ein Fußweg in die Stadt führte, die sich, da sie in der Länge vor mir lag, recht gut ausnahm, und größer schien, wie sie wirklich ist.

Ich ging eine lange Straße hinauf, ehe ich an das Haus kam, wo die Postkutschen abgehen, und welches zugleich ein Gasthof ist. Ich erfuhr hier, daß denselben Abend noch eine Stage nach London abginge, die aber inwendig schon besetzt sey, allein auswendig sey noch Platz.

1. Da ich jetzt eilen mußte, um wieder zurück nach London zu kommen, weil die Zeit heranrückte, wo der Hamburger Schiffer, mit dem ich zurückfahren will, seine Abreise bestimmt hat, so entschloß ich mich bis Northhampton einen Platz auswendig auf der Kutsche zu nehmen.

Aber an diese Fahrt von Leicester bis Northhampton will ich denken, so lang ich lebe.

Die Kutsche fuhr vom Hofe durch das Haus. Die andern Passagier stiegen schon auf dem Hofe ein, wir an der Aussenseite aber mußten auf der öffentlichen Straße erst hinaufklettern, weil wir sonst mit unsern Köpfen nicht unter dem Thorwege durchgekommen wären.

Meine Gefährten oben auf der Kutsche waren ein Bauer, ein junger Mensch der noch ganz ordentlich gekleidet war, und ein Mohrenjunge.

Das Hinaufklettern allein war schon mit Lebensgefahr verknüpft, und als ich nun oben war, kam ich gerade an eine Ecke auf der Kutsche zu sitzen, wo ich mich bloß mit einer Hand an einem kleinen Griff halten konnte, der an der Seite der Kutsche angebracht war. Ich saß dem Rade am nächsten, und sobald ich herunter stürzte, sah ich einen gewissen Tod vor Augen. Um desto fester hielt ich mich an den Griff, und um desto behutsamer suchte ich mich im Gleichgewicht zu erhalten.

Nun rollte es mit der entsetzlichsten Geschwindigkeit in der Stadt auf den Steinen fort; und wir flogen alle Augenblick in die Höhe, so daß es beinahe ein Wunder war, daß wir immer wieder auf die Kutsche zurück, und nicht einmal nebenher fielen. So ging es nun auch, so oft wir durch ein Dorf oder eine Anhöhe hinunter kämen.

Endlich, ward mir dieser Zustand, in beständiger Lebensgefahr zu schweben, unerträglich, und als es einmal bergan, und also etwas langsam ging, kroch ich oben von der Kutsche hinten in die Schoßkelle, welche hier the Basket heißt.

In the Basket you will be shaken to Death! (in der Schoßkelle werdet ihr zu Tode geschüttelt werden!) sagte der Mohrenjunge, und ich nahm dieß für eine Hyperbel an.

Bergan ging es auch recht sanft und gut, und ich war zwischen den Koffern und Gepäcke beinahe eingeschlafen; aber wie erschrack ich, da es auf einmal wieder Bergunter ging, und die Koffer und alles schwere Gepäck um mich an zu tanzen und an zu leben fing, wobei ich alle Augenblicke, solche entsetzliche Stöße erhielt, daß ich glaubte, mein Lebensende sey gekommen, und nun fand ich, daß der Mohrenjunge keine Hyberbel gesagt hatte; alles mein Schreien half nichts, ich mußte beinahe eine Stunde aushalten, bis es wieder bergan ging, wo ich denn ganz mürbe und zerschlagen wieder oben auf die Kutsche kroch, und meinen vorigen Sitz einnahm. Sagte ich es euch nicht, daß ihr würdet zu Tode geschüttelt werden? redete mich der Mohrenjunge an, als ich wieder heraufgekrochen kam, und ich schwieg ganz still. — Dieß schreibe ich einem jeden zur Warnung, dem es etwa einmal einfallen sollte, ohne es gewohnt zu seyn, auf der Outside einer Englischen Postkutsche, oder gar in dem Basket zu fahren!

Gegen Mitternacht kamen wir in H a r b o r o u g h an, wo ich mich nur ein wenig ausruhen konnte, und dann gings wieder im vollen Jagen durch eine Menge Dörfer fort, so daß wir in einigen Stunden noch vor Tagesanbruch in N o r t h h a m p t o n ankamen, das doch drei und dreißig Meilen von Leicester entfernt ist.

Von Harborough bis Northhampton hatte ich noch eine fürchterliche Reise, es regnete beinahe in einem fort, und so wie wir auswendig auf der Kutsche vorher vom Staub bedeckt worden waren, so wurden wir nun vom Regen durchnetzt. Mein Nachbar, der junge Mensch, welcher neben mir in der Mitte faß, schlief noch dazu beständig ein, und indem er alle Augenblicke mit der ganzen Last seines Körpers auf mich fiel, fehlte wenig, daß er mich ganz von meinem Sitz hinunterdrängte.

Endlich kamen wir denn in Northhampton an, wo ich mich sogleich zu Bette legte, und beinahe bis an den Mittag geschlafen habe. Morgen früh denke ich nun von hier mit der Postkutsche meine Reise nach London weiter fortzusetzen.

London, den 14ten Juli.

Die Reise von Northampton bis London kann ich wiederum keine Reise, sondern nur eine Bewegung von einem Orte zum andern in einem zugemachten Kasten, nennen, wobei man etwa mit ein Paar Leuten, die sich auf eben die Art fortbewegen lassen, wenn das Glück gut ist, konversiren kann.

Bei mir war das Glück so gut nicht, denn meine drei Reisegefährten waren Pächter, die so fest schliefen, daß sie durch die herzhaftesten

Kopfstöße, womit sie sich einander begrüßten, nicht aufgerüttelt wurden.

Ihre von Bier und Brantwein aufgedunsnen Gesichter lagen wie dicke, todte Fleischmassen vor mir. — Und wenn sie einmal erwachten, so waren Schafe, womit sie handelten, ihr erstes und ihr letztes Wort.

Der eine unter ihnen aber war von den übrigen beiden sehr verschieden: sein Gesicht war gelb und hager, seine Augen tief eingefallen, seine langen gelben Finger schlotterten an seinen Händen, er sahe aus wie Geiz und Menschenhaß.

Das erstre war er, denn er weigerte sich auf jeder Station, dem Kutscher das gewöhnliche Trinkgeld zu geben, was doch alle gaben, und jeder Heller, den er bezahlen mußte, preßte ihm ein God damm! aus dem Herzen.

Wenn er im Wagen saß, scheute er das Licht, und machte, wo er nur konnte, alle Fenster zu, wenn ich nicht zuweilen eins wieder aufriß, um gleichsam nur einen Anblick von den reizenden Gegenden zu haschen, vor denen wir im Fluge vorbeifuhren.

Unser Weg ging über Newport Pagnel, Dunstable, St. Albans, Barnet, bis Islington oder vielmehr London selbst. Aber die Nahmen sind auch nun alles, was ich von diesen Oertern zu sagen weiß.

In Dunstable, wo mir recht ist, frühstückten wir, und es ward hier alles, wie es auch bei uns auf den Postwagen gebräuchlich ist, von den Passagiers gemeinschaftlich bezahlt. Ich hatte mir, weil ich dieß nicht wußte, besonders Kaffee bestellt; allein weil er einmal da war, tranken die drei Pächter mit, und ließen mich wieder von ihrem Thee mittrinken.

Sie fragten mich, aus welchem Theile der Welt ich sey, anstatt daß man bei uns frägt, was für ein Landsmann einer ist.

Da wir nun gefrühstückt hatten, und wieder in dem Wagen saßen, schienen die Pächter, den hagern ausgenommen, ordentlich aufzuleben, und fingen Religions- und politische Discourse an.

Der eine brachte die Geschichte von Simson aufs Tapet, welche sein Pfarrer neulich erklärt hatte, und machte sich doch selbst allerlei Zweifel gegen das große Thor, was Simson getragen, und die Füchse mit den Feuerbränden zwischen den Schwänzen, ob er gleich sonst in seinem Glauben fest war.

Sie erzählten sich darauf allerlei Geschichtchen aus der Bibel, nicht als ob sie dieselben schon als bekannt voraussetzten, sondern sie irgendwo als angenehme Historien hätten erzählen hören. Das meiste hatten sie auch von ihrem Pfarrer gehört, und nicht selbst gelesen.

Der eine fing darauf von den Juden im alten Testament an, und daß die jetzigen davon abstammten. —

Sie sind in Ewigkeit verdammt! — sagte der andre so kaltblütig und zuversichtlich, als ob er sie schon lichterloh brennen sähe.

Wir bekamen nun sehr oft neue Passagier, die zuweilen nur eine Strecke mitfuhren, und dann wieder abstiegen. Unter andern eine Brantweinsbrennerinn aus London, die uns mit einer

Erzählung aller der schrecklichen Auftritte, bei dem letzten Aufruhr in London unterhielt. Besonders auffallend war mir, wie ein Kerl ihrem Hause gegenüber so wüthend war, daß er auf der Mauer eines schon halbabgebrannten Hauses stand, und noch mit eigenen Händen die Steine loszureißen suchte, welche das Feuer hatte stehen lassen, bis er erschossen ward, und rücklings in die Flamme fiel.

Endlich kamen wir denn im vollem Regen ohngefähr um ein Uhr in London an. Ich hatte in Northhampton für die sechs und sechzig Meilen bis London, sechzehn Schillinge vorausbezahlen müssen. Dieß schien der Kutscher nicht gewiß zu wissen, und fragte mich daher, ob ich schon bezahlt habe, welches er mir doch nun auf mein Wort glauben mußte.

Ich sahe aus, wie ein halber Wilder, da ich in London wieder ankam; demohngeachtet nahm mich Herr Pointer, bei dem mein Koffer stand, sehr freundschaftlich auf, und ließ sich über Tische meine Abentheuer von mir erzählen.

Ich besuchte den Abend noch Herrn Leonhardi, welcher mich, weil ich wegen der Paar Tage, die ich etwa noch auf guten Wind warten mußte, kein Logis miethen wollte, bis dahin in Freemasons Tavern unterbrachte.

Allein hier in Freemasons Tavern warte ich nun schon acht Tage, und der Wind weht noch beständig von Hamburg her, statt daß er hinwehen sollte, welches ich nun herzlich wünsche, weil ich doch den hiesigen Aufenthalt fast gar nicht mehr nützen kann, indem ich mich beständig bereit halten muß, zu Schiffe zu gehen, sobald der Wind umschlägt, und mich also nicht weit versteigen darf.

Alles ist jetzt voll von Rockinghams Tode, und der darauf erfolgten Veränderung des Ministeriums. Daß Fox seine Stelle niedergelegt hat, darüber ist jedermann aufgebracht, und doch ist es sonderbar, alles nimmt Theil an ihm, und interessirt sich für ihn, wie für jemanden, von dem es einem leid thut, wenn man schlecht von ihm denken soll.

Am Dienstage war eine der wichtigsten Debatten im Parlamente. Fox war aufgefordert, seine Gründe der Nation darzulegen, warum er resignirt habe. Um eilf Uhr war das Haus von Zuschauern schon so voll, daß niemand mehr darinn Platz finden konnte; und um drei Uhr gehen doch erst die Debatten an, die dießmal bis den Abend um zehn Uhr dauerten.

Gegen vier Uhr kam Fox. Alles war voll Erwartung. Er sprach mit großer Heftigkeit, ließ es aber dennoch merken, wie sehr er diese Heftigkeit mäßige, und als er nun den Schritt den er gethan, mit allen Gründen vertheidigt hatte, und nun sagte: now I stand here again, poor as I was. &c. nun stehe ich hier wieder, arm wie ich war! u. s. w. so war dieß wirklich für den Zuhörer rührend und erschütternd.

Der General Conway sagte darauf seine Gründe, worum er nicht abdankte, ob er gleich mit Herrn Fox und Burke einerlei politische Grundsätze habe: er sey nehmlich in Ansehung der Independenz von Amerika, der bessern Repräsentation des Volkes im Parlamente, und der Irrländischen Angelegenheiten, mit ihnen einerlei Meinung, glaube aber nicht, daß der jetzige Minister, Graf Schelburn, gegen diese Grundsätze handeln werde, sobald er dieß thun würde, resignirte er ebenfalls, aber nicht eher.

Nun stand Burke auf, und redete in sehr blumenreichen Ausdrücken zum Lobe des verstorbenen Marquis von Rockingham. Als er kein hinlängliches Gehör fand, und viel um sich plaudern und murmeln hörte, sagte er mit großer Heftigkeit, und Gefühl beleidigter innerer Würde: **Das ist keine Behandlung für ein so altes Parlamentsglied, als ich bin, und ich will gehört seyn!** — worauf sogleich eine allgemeine Stille herrschte.

Nachdem er nun noch sehr vieles zu Rockinghams Lobe gesagt hatte, fing er an: was den General Conway anbeträfe, daß dieser im Ministerium bleiben wolle, so erinnere er sich dabei einer Fabel aus seiner Kindheit, wo der Wolf vorgestellt wird, wie er die Gestalt eines Schafes annimmt, und von einem Lamme in den Stall gelassen wird, welches zwar zu ihm sagt: Mama, wo habt ihr die großen Nägel und die scharfen Zähne her? Demohngeachtet aber ihn hineinläßt, worauf er die ganze Heerde erwürgt. Was nun den General Conway anbeträfe, so käme es ihm gerade so vor, als ob das Schaf zwar die Nägel und Zähne des Wolfes bemerkte, demohngeachtet aber, so gutmüthig wäre, zu glauben, der Wolf werde wohl seine Natur ändern, und ein Lamm werden. Er wolle damit gar nicht auf den Graf von Schelburn zielen, nur so viel sey gewiß, daß die jetzige Administration, noch tausendmal schlechter sey, als sie unter dem Lord North (der hier gegenwärtig saß) gewesen wäre.

Als ich Herrn Pitt zum erstenmal reden hörte, erstaunte ich, daß ein Mann von so jugendlichem Ansehen auftrat, und indem er sprach, so viel Aufmerksamkeit auf sich erregte. Er scheint nicht über ein und zwanzig Jahr zu seyn. Eben dieser Pitt ist nun Minister, und zwar Chancellor of the Exchequer geworden.

Es ist erschrecklich, was in den Zeitungen, wovon hier täglich zwölf und mehrere herauskommen, die es theils mit der Ministerial theils mit der Antiministerialparthei halten, bei dieser Gelegenheit, für Anzüglichkeiten gesagt werden.

Noch in der gestrigen stand, daß Fox, nachdem er gefallen, und Pitt, ein so junger Mann, Minister sey, er mit Satan, welcher in Miltons verlornem Paradiese, den von Gott begünstigten Menschen erblickt, ausrufe: O 'hatefull Sight.

Am Donnerstage hat der König das Parlament mit den gewöhnlichen Feierlichkeiten auf eine bestimmte Zeit entlassen. Ich übergehe dieß, weil es schon genug beschrieben ist.

Ich habe auch noch in diesen Tagen den Herrn Baron Grothaus, diesen berühmten Fußgänger kennen gelernt, an den ich von dem Herrn Baron Groote von Hamburg aus ein Empfehlungsschreiben hatte. Er wohnt in Chesterfield Hause, nicht weit vom General Paoli, mit dem er mich bekannt zu machen versprochen hat, wenn ich Zeit habe, ihn noch einmal zu besuchen.

Uebrigens habe ich diese Woche sehr von dem bösen Husten gelitten, den ich mit aus der Höhle gebracht habe, so daß ich einige Tage nicht habe ausgehen dürfen, wo mich die Herrn Schönborn und Leonhardi fleißig besucht, und zu meiner Aufmunterung sehr viel beigetragen haben.

Ich habe hier von meiner Reise außerhalb London so viel zu erzählen gehabt, als ich wahrscheinlich in Deutschland von England überhaupt werde erzählen müssen. — Den meisten Leuten, denen ich hier in London von meiner Reise erzähle, ist das, was ich gesehen habe, ganz etwas neues.

Einiges muß ich doch nun noch nachholen, was ich in Ansehung der hiesigen Deklamation, Aussprache, und Dialekt, bemerkt, und Ihnen zu schreiben vergessen habe.

Die Englische Deklamation scheint mir lange nicht so vieler Abwechselungen fähig zu seyn, als die unsrige. In den Parlamentsreden, Predigten, Theaterreden, ja selbst im gemeinen Leben, werden die Perioden am Ende immer mit einem gewissen sonderbaren, eintönigen Fall der Stimme begleitet, der bei aller seiner Monotonie, doch etwas solides und nachdrückliches hat, und den ein Ausländer schwerlich nachahmen lernt. Herr Leonhardi schien mir in einigen Stellen, die er aus dem Hamlet deklamirte, diesen Fall der Stimme sehr gut zu treffen. Ferner wird der Accent fast mehr auf die Epytheta als auf die eigentlichen Substantive gesetzt, die man oft weit dunkler, als ihre Beiwörter nachklingen läßt. — Auf dem Theater drückt man die Sylben und Wörter ausserordentlich deutlich aus, so daß man hier immer, in Ansehung der Englischen Aussprache und Deklamation, wohl am meisten lernen kann.

Es gibt in London auch eine Art von besonderm Dialekt: so sagt man z. B. it a'nt, anstatt it is not, es ist nicht; I do know, anstatt I do not know, oder I do'nt know, ich weiß nicht; I do know him, ich kenne ihn nicht; welches letztere mich oft getäuscht hat, indem ich eine Verneinung für eine Bejahung nahm.

Das Wort Sir, (Herr) hat im Englischen einen gar mannichfaltigen Gebrauch. Mit Sir redet der Engländer seinen König, seinen Freund, seinen Feind, seinen Bedienten, und seinen Hund an; er bedient sich desselben auf eine höfliche Weise zu fragen; und der Redner im Parlament, den Uebergang damit zu machen, wenn er nicht weiter kann.

So heißt also Sir? in einem fragenden Tone: was befehlen Sie? — Sir! in einem demüthigen Tone: gnädigster König! — Sir! in einem trotzigen Tone: es stehen ein Paar Ohrfeigen zu Dienste! — zu einem Hunde gesagt, bedeutet es eine Tracht Prügel — und in den Parlamentsreden mit einer Pause begleitet, heißt es: ich kann mich nicht sogleich besinnen.

Nichts habe ich häufiger hier gehört, als den Ausdruck: never mind it! Laßt das gut seyn! — Ein Träger stürzte, und fiel sich auf dem Pflaster den Kopf entzwei: never mind it! sagte ein Engländer, der vorbei ging. Als ich vom Schiffe meinen Koffer auf einem Boote abholen ließ, ruderte der Schiffer zwischen die Kähne, und sein Junge der vorn stand, bekam die entsetzlichsten Prügel, weil die andern ihn nicht durchlassen wollten: Never mind it! sagte der Alte, und ruderte immer zu.

Die Deutschen, welche lange hier gewesen sind, reden fast in lauter Anglicismen, als: es will nicht thun, anstatt, es ist nicht hinlänglich, und dergleichen. Ja einige sagen sogar: ich habe es nicht geminded, ich habe mich nicht daran erinnert, oder daran gedacht.

Engländer, die Deutsch sprechen, kennt man bald an der Aussprache des w nach Englischer Art; anstatt: ich befinde mich wohl, sagen sie, ich befinde mich u ohl, indem das w fast so weich, wie ein schnell ausgesprochnes u klingt.

Beim Zurechtweisen auf den Straßen habe ich hier sehr oft eine Art von Formel gehört: go down the Street, as far as ever you can go, and ask any Body, geht die Straße hinunter, so weit ihr kommen könnt, und fragt, wen ihr wollt! — so wie wir bei uns zu sagen pflegen: jedes Kind kann Euch da zurechtweisen.

Ich habe schon bemerkt, daß man in England weit schöner schreiben lernt, als bei uns, wahrscheinlich rührt dieses auch mit daher, weil in ganz England nur einerlei Hand gebräuchlich ist, worinn sich die Buchstaben so ähnlich sehen, daß man sie für gedruckt halten sollte.

Ueberhaupt scheint Rede, Schrift, Ausdruck und Schreibart, in England weit mehr fixirt zu seyn, als bei uns. Der gemeinste Mensch drückt sich in richtigen Phrasen aus, und wer ein Buch schreibt, schreibt doch wenigstens korrekt, wenn die Sachen auch noch so schlecht sind. Denn über den guten Stil scheint man doch in England einig geworden zu seyn.

Das erbärmlichste Gewäsch habe ich auf den Kanzeln gehört. Ich bin heute in einigen Kirchen gewesen, wo die Predigten aus dogmatischen Heften genommen zu seyn schienen. Es soll hier ein Jude wohnen, von dem sich hiesige Geistliche ihre Predigten für Geld verfertigen lassen.

London, den 18ten Juli.

Zum letztenmale schreibe ich Ihnen heute aus London; und zwar aus St. Catharins, dem abscheulichsten Loche in der ganzen Stadt, wo ich mich aber deswegen aufhalten muß, weil die großen Schiffe auf der Themse hier anlanden, und abgehen, und wir sobald der Wind sich dreht, fortseegeln werden: der hat sich nun eben jetzt gedreht, aber wir seegeln erst Morgen fort. Heute kann ich Ihnen also noch, so viel ich weiß, erzählen.

Am Montag Morgen zog ich aus Freemasons Tavern hieher in einen Gasthof, worinn ein deutscher Wirth ist, und in welchem alle Hamburger Schiffer einkehren. In Freemasons Tavern betrug meine Rechnung für acht Tage Logis, Frühstück, und Mittagsessen, eine Guinee, neun Schilling und neun Pence, also beinahe zwei Guineen. Frühstück, Mittagsessen, und Kaffe, war immer ohne Unterschied jedes einen Schilling gerechnet. Für das Logis bezahlte ich nicht mehr als zwölf Schillinge für die Woche, welches nach Verhältniß sehr wohlfeil war.

Bei dem deutschen Wirth in St. Catharins hingegen ist alles viel wohlfeiler, und man ißt, trinkt, und wohnt hier wöchentlich für eine halbe Guinee. Ich möchte aber demohngeachtet keinen rathen, hier lange zu logiren, wer sich in London umsehen will; denn St. Catharins ist einer der abgelegensten und unbequemsten Plätze in der ganzen Stadt.

Wer hier vom Schiffe aussteigt, bekömmt diese jämmerliche enge schmuzige Straße, und diese den Einsturz drohenden Häuser von London zuerst zu sehen: und also gewiß beim ersten Anblick keinen sehr vortheilhaften Eindruck von dieser prächtigen und berühmten Stadt.

Von Bullstroatstreet oder Cavendischsquare bis St. Catharins ist beinahe eine halbe Tagereise. Demohngeachtet hat mich Herr S ch ö n born, seitdem ich hier wohne, täglich besucht, und ich ihn immer die Hälfte Weges zurückbegleitet. Heute Nachmittag haben wir bei der Paulskirche von einander Abschied genommen. Mir ist dieser Abschied sehr schwer geworden.

Einen sehr angenehmen Besuch erhielt ich eben diesen Nachmittag von Herrn Hansen, einem Mitarbeiter an dem Zöllnerschen Lesebuche für alle Stände, welcher mir einen Brief vom Herrn Prediger Zöllner aus Berlin mitbrachte, und gerade in London ankam, da ich abreisen wollte. Er geht in Handlungsgeschäften nach Liverpool.

Diese Tage über habe ich denn noch aus Langerweile einige Gegenden von London durchstrichen. Ich suchte gestern das westliche Ende der Stadt zu erreichen; allein sie dauerte einige Meilen weit immer noch in einzelnen Häusern fort, die aber doch eine Straße ausmachten, bis ich endlich, da es schon dunkel war, ganz ermüdet zurückkehrte, ohne meinen Zweck erreicht zu haben.

Nichts macht in London einen heßlichern Anblick, als die Fleischscharren, besonders in der Gegend vom Tower. Gedärme und Unrath wird alles auf die Straße geworfen, und verursacht einen unerträglichen Gestank.

Ich habe vergessen, Ihnen etwas von der Börse zu sagen: dieß prächtige Gebäude ist ein länglichtes Viereck, dessen Mitte ein offner freier Platz ist, wo sich die Kaufleute versammeln. Rund herum sind bedeckte Säulengänge, und an den verschiednen Pfeilern steht immer der Nahme der handelnden Nation verzeichnet, welche man hier treffen will, damit man sich unter der Menge von Menschen einander finden könne. Auch sind unter den bedeckten Gängen steinerne Bänke angebracht, die nach einer Wanderung etwa von St. Catharins bis hieher zum Ausruhen sehr bequem sind.

Rund umher an den Wänden sind allerlei Avertissements auf großen, gedruckten Bogen angeschlagen, worunter ich eins von ganz sonderbarem Inhalt las. Es ermahnte nehmlich ein Englischer Geistlicher, daß man der schändlichen Parlamentsakte zur Duldung der Catholicken nicht dadurch beistimmen sollte, daß man etwa seine Kinder, zu ihrem ewigen Verderben, von ihnen unterrichten und erziehen ließe; sondern man solle doch ihn, als einem rechtgläubi-

gen Priester der Englischen Kirche lieber diesen
Verdienst zuwenden.

In der Mitte des freien Platzes steht Karl
des andern steinerne Bildsäule. — Wenn ich
hier so auf einer Bank saß, und dem Gewühle
zusah, so kam mir doch diese Londner Welt, in
Ansehung der Kleidung und des Aeußern, von der
Berlinischen nicht so sehr verschieden vor.

Dicht bei der Börse ist ein Laden, wo man
für einen Penny oder Halfpenny im Vorbeige=
hen Zeitungen lesen kann, so viel man will. Es
steht um diesen Laden beständig voller Leute, die
hier in der Geschwindigkeit im Stehen eine Weile
lesen, ihren Halfpenny bezahlen, und dann wei=
ter gehen.

Auf der Börse ist ein kleiner Thurm mit ei=
nem Glockenspiel, das sehr angenehm klingt,
aber nicht mehr als eine ziemlich lustige Melodie
spielt, die einem in dieser Gegend beständig in
den Ohren schallt.

Noch ist mir eingefallen, daß man hier in
London keines Elementarwerks und keiner Kupfer=
tafeln zum Unterricht für Kinder bedürfte; man
brauchte sie nur in die Straßen der Stadt zu

führen, und ihnen alle die Dinge selbst, wie sie wirklich sind, zu zeigen. Denn hier ist dafür gesorgt, daß alle Produkte der Künste und des Fleißes, so viel wie möglich, zur öffentlichen Schau gestellt sind. Gemählde, Kunstwerke, Kostbarkeiten, alles zeigt sich hinter den großen Glasscheiben und hellen Fenstern der Gewölbe im vortheilhaftesten Prospekt. Es fehlt auch nie an Zuschauern, welche hier oder da mitten auf den Straßen, vor irgend einem Kunstwerke still stehen, und es betrachten. Oft scheint eine solche ganze Straße einem wohlgeordneten Kunstkabinet zu gleichen.

Die Squares aber, wo die prächtigsten Häuser sind, verschmähen dergleichen Zierrath, der nur den Kaufmannshäusern ansteht. Auch ists hier lange nicht so volkreich, wie in den übrigen Theilen der Stadt. Zwischen dem Strande und den Squares in London ist ohngefehr, in Ansehung der Lebhaftigkeit, ein solches Verhältniß, als zwischen dem Mühlendamm und der Friedrichsstadt, in Berlin.

Nun, lieber Freund, fällt mir nichts merkwürdiges mehr bei, das ich Ihnen schreiben könnte, als daß alles zu unsrer morgenden Abreise fertig ist. — Dem Herrn Capitain Hilkes, mit dem ich von Hamburg herfuhr, mußte ich vier Guineen für Kost und Wohnung in der Kajüte bezahlen. Herr Capitain Braunschweig aber, mit dem ich wieder zurückfahre, nimmt fünf Guineen, weil in London der Einkauf der Lebensmittel theurer ist.

Und nun hätte ich Ihnen denn alle meine Fata und Abentheuer, von dem Augenblick an, da ich in Hamburg auf der Straße von Ihnen Abschied nahm, erzählt; ausgenommen meine Herreise mit Herrn Hilkes. Von dieser berichte denn noch, daß sie zu meinem höchsten Mißvergnügen vierzehn Tage dauerte, und ich drei Tage seekrank war. Von der Hinreise bring' ich Ihnen die Nachricht mit. Und nun grüßen Sie Bistern, und leben Sie wohl, bis wir uns wiedersehen!

www.ingramcontent.com/pod-product-compliance
Lightning Source LLC
Chambersburg PA
CBHW031940230426
43672CB00010B/1987